Pourquoi ?

Moka

Pourquoi ?

Médium

l'école des loisirs

11, rue de Sèvres, Paris 6e

Du même auteur à *l'école des loisirs*

Collection MÉDIUM
À nous la belle vie
Ailleurs rien n'est tout blanc
Cela
La chambre du pendu
Derrière la porte
L'écolier assassin
L'enfant des ombres
Jeu mortel
La marque du diable
Le petit cœur brisé
Un phare dans le ciel
Le puits d'amour

Loi n° 49.956 du 16 juillet 1949 sur les publications
destinées à la jeunesse : septembre 2005
Dépôt légal : septembre 2005
Imprimé en France par Bussière
à Saint-Amand-Montrond
N° d'édit. : 8296. N° d'impr. : 053726/1.

Il n'y a point de bonheur sans liberté,
ni de liberté sans courage.
Périclès (495-429 av. J.-C.)

1

La famille

Cali, adossé au mur du couloir, écoutait son père engueuler Abdourahim. C'était un passe-temps comme un autre et il n'avait pas particulièrement envie d'étudier. Makeda sautait sur les dalles noires et blanches comme si c'était une marelle. Ses larges tresses rebondissaient sur ses épaules, s'échevelant de plus en plus.

– C'est mon anniversai-REUH ! C'est mon anniversai-REUH !

Wafa passa la tête par la porte de la chambre. Elle ne se fâchait presque jamais, mais c'était bientôt le brevet et il lui fallait un peu de calme. Avec trois frères et une sœur plus jeunes qu'elle, obtenir cinq minutes de silence tenait de l'exploit.

– Tu vas te taire, oui ? J'essaie de faire mes devoirs, moi !

– Mais c'est mon anniversaire ! protesta Makeda.

– C'est samedi, ton anniversaire, remarqua Cali.

– Pas vrai, répondit la petite fille.

– Si, c'est vrai.

– Non, c'est pas vrai !

– N'insiste pas, conseilla Wafa à son frère. T'auras jamais le dernier mot avec elle !

– C'est mon anniversai-REUH… murmura Makeda en recommençant ses sauts de cabri.

– Qu'est-ce qui se passe ? demanda Wafa, intriguée par les éclats de voix venant du salon.

– Hum ? Abdourahim s'est fait choper en train de se battre dans la cour du collège.

– Qu'est-ce qu'il a encore fait, celui-là ? soupira Wafa, les yeux au ciel.

– Paraît qu'on l'a traité de sale Nègre.

– Ah bon, c'est tout, dit Wafa avant de refermer sa porte.

Cali hocha la tête : sa grande sœur ne semblait pas comprendre certaines choses. Un peu comme leur père, d'ailleurs. Abdourahim réagissait souvent violemment, contrairement à Cali. Néanmoins, celui-ci lui enviait son aptitude à extérioriser ses émotions. Parfois, Cali avait l'impression d'être rongé de l'intérieur. En fait, il se sentait très seul au milieu d'une famille pourtant nombreuse. Cali dressa l'oreille.

– Ça y est... Allons-y pour le refrain préféré de papa...

Monsieur Beila racontait pour la dix millième fois comment ils étaient arrivés en France. La famine en Somalie qui les avait poussés vers Djibouti et monsieur Dougnac. Ah ! monsieur Dougnac ! Monsieur Dougnac qui avait engagé leur père comme guide pour les touristes. Monsieur Dougnac qui avait des amis fonctionnaires haut placés dans la hiérarchie. Monsieur Dougnac qui, lorsqu'il avait pris sa retraite, avait tout fait pour qu'ils obtiennent des passeports français. LE monsieur Dougnac qui leur avait payé le voyage en avion. Ce qui n'était pas rien : douze personnes. Oumar Beila et sa femme Mako, Wafa, Cali, Abdourahim et Rifki, Youssouf Songo, sa femme Halimo et leurs trois garçons, Hassan, Abdelaï et Mahmoud, sans oublier la mère de Mako et de Halimo, la redoutée Nawal. Seule la petite dernière de la famille Beila, Makeda, était née en France. Tout ça pour atterrir dans une HLM sur les hauteurs de Cherbourg… Tout ça pour se geler les fesses dans une ville où il pleut tout le temps. Tout ça pour que leur père et leur oncle travaillent comme éboueurs.

– Le Français est beau, le Français est grand, le Français est bon… ricana Cali. Le Français n'est pas raciste du tout !

Makeda s'arrêta de sautiller et le regarda avec étonnement.

– Moi, je suis française !

– Toi, t'as cinq ans et tu ne connais rien !

– SIX ! hurla Makeda.

– Pas avant samedi, rétorqua Cali.

– Pas vrai !

Abdourahim apparut dans le couloir, la mine renfrognée. Depuis quelques mois, il était en révolte. Il en voulait à tout le monde. Il avait besoin d'espace. Et de liberté. Deux choses qu'il ne pensait pas trouver dans ce pays pourri.

– T'es puni ? demanda Makeda, l'air réjoui.

– Va chier, répondit Abdourahim en filant dans la chambre qu'il partageait avec ses deux frères.

Cali l'y suivit de près. Par besoin de se venger sur quelqu'un, Abdourahim marcha sur Rifki qui lisait une BD à plat ventre sur la moquette. Rifki ne connaissait que le rayon des bandes dessinées de la bibliothèque municipale.

– Eh ! Chuis pas un paillasson ! protesta-t-il.

– Va chier.

– Alors ? rigola Cali, c'est quoi, ta punition ?

– Et merde, j'ai déjà trois heures de colle, c'est pas suffisant, peut-être ?

Abdourahim s'effondra sur son lit et fit semblant de donner des coups de pied à son jeune frère. Rifki roula promptement pour s'écarter.

– J'y suis pour rien si tu fais des conneries !

– Ta gueule, paillasson !

– La prochaine fois, attends d'être sorti du collège pour te fritter avec un mec, dit Cali.

– Quand on me traite, je réfléchis pas, répondit Abdourahim.

– On doit te traiter souvent, vu tes résultats scolaires !

La remarque de Cali déclencha le rire de Rifki, qui se prit un coup de pied pour de bon. Mais Cali, lui, ne riait pas. Si Abdourahim persistait à mal se conduire, il allait avoir de sérieux ennuis.

– Tu veux finir éboueur comme papa ? demanda-t-il.

Cali regretta aussitôt d'avoir dit ça. C'était injuste vis-à-vis de son père. Papa Oumar était un homme courageux qui, jamais, ne se plaignait de faire un travail dur et peu gratifiant.

– Moi, je veux retourner en Somalie et vivre au soleil, rétorqua Abdourahim.

– Pauvre con, dit Cali. La Somalie, c'est mourir au soleil.

– T'en sais rien. T'avais pas sept ans quand on est partis !

– J'en sais rien ? Ah oui ? En tout cas, ce que je sais, c'est que la Somalie ça a tué Raquiya.

Abdourahim se mordit les lèvres et resta silencieux. Rifki s'assit sur la moquette et regarda fixement ses orteils. Cali regretta d'avoir mentionné Raquiya. Il ne se souvenait pas vraiment d'elle. Seule Wafa avait encore en tête quelques images de leur sœur aînée. Dans la tête, uniquement, car il n'existait aucune photo d'elle. Quand on n'a pas assez d'argent pour nourrir sa famille, on n'en a pas non plus pour s'acheter un appareil photo. Raquiya était morte à six ans. Cali réalisa brusquement que c'était l'âge de Makeda.

*
* *

Le salon, la cuisine, la salle à manger et la chambre de Nawal, c'était la même pièce. La grand-mère y régnait donc en maîtresse absolue. Elle franchissait parfois le seuil d'entrée et s'installait dans le canapé de l'appartement voisin qu'occupaient sa fille Halimo et sa famille. Chaque fois qu'elle s'apprêtait à traverser le couloir de l'immeuble, Nawal s'arrêtait devant le miroir et s'assurait que son foulard noir couvrait bien tous ses cheveux. Nawal ne rendait visite à Halimo que pour une raison : l'accabler de reproches. Mako était la fille soumise, donc la préférée. Halimo était rebelle. Pour preuve, elle s'obstinait à porter des foulards colorés. Pire encore, elle avait adopté les mauvaises habitudes des femmes djiboutiennes et n'hésitait pas à se parfumer et même à montrer ses mollets en s'asseyant. Son mari, Youssouf, était beaucoup trop laxiste. Djibouti avait empoisonné l'esprit des adultes. La France empoisonnait celui de leurs enfants.

Mais Nawal était décidée à y mettre bon ordre. Wafa allait sur ses quatorze ans et Nawal lui avait déjà choisi son futur époux. À ses yeux, il était impératif qu'il fût somali. Le choix était limité à Cherbourg... Ce serait donc Hassan, son cousin germain. Sauf que Hassan était pourri par la France autant que par sa mère. Plus d'une fois, Nawal l'avait aperçu discutant en bas des HLM avec des filles qui exhibaient leurs têtes nues. Elle avait piqué une grosse colère le jour où Hassan avait ramené une «copine» chez lui. C'était une

Arabe. Nawal ne faisait aucune distinction entre les beurs, les Algériens, les Marocains ou les Tunisiens. Pour elle, ils étaient tous assimilés à ces marchands du Moyen-Orient qui avaient vendu ses ancêtres comme esclaves. Plus méprisables encore que les Français.

Nawal refusait de fréquenter la mosquée parce qu'il y avait trop d'Arabes. Du moins, c'était ce qu'elle prétendait. En vérité, elle n'appréciait pas les prêches de l'imam sénégalais. L'imam avait osé critiquer certaines coutumes africaines en affirmant qu'elles étaient contraires aux enseignements de l'islam. Nawal n'oubliait jamais de cracher par terre si d'aventure elle passait devant la mosquée. Après, elle embrassait avec ferveur le sachet pendu à son cou qui renfermait des versets du Coran, le saint talisman du cheikh de Djibouti.

Nawal terrorisait les enfants. Même Abdourahim faisait attention à son langage quand elle était à portée de voix. Les deux gendres, Oumar et Youssouf, se taisaient lorsqu'elle parlait. Quant à Mako, elle n'existait plus devant sa mère. Halimo résistait en silence. Elle s'offrait de petites victoires en achetant des flacons d'eau de Cologne au supermarché. En douce, elle poussait Hassan à fréquenter les filles de son collège. Si seulement il pouvait s'amouracher d'une de ces adolescentes joyeuses que Halimo croisait dans les rues ! Elle n'avait rien contre Wafa, bien au contraire. Elle lui souhaitait une autre vie que la sienne. Halimo pensait que les mariages entre cousins germains n'étaient pas une bonne chose. Et tant pis si c'était la tradition. Les traditions pouvaient tuer, elle était bien placée pour le savoir.

*
* *

Wafa bâilla en refermant son livre de maths. Ce n'était pas de l'ennui, elle aimait étudier. Elle bâillait par besoin d'air, comme si une main invisible l'étouffait. Ces derniers temps, cette sensation était plus forte. Elle mettait ça sur le compte de l'angoisse de l'examen à venir. Mais elle ne savait pas vraiment...

Makeda feuilletait un vieux catalogue automne-hiver de vente par correspondance. Elle se choisissait d'hypothétiques cadeaux dans les jouets de Noël.

– Pourquoi on fête pas Noël ? demanda-t-elle soudain.

– Parce qu'on n'est pas chrétiens, répondit Wafa.

– Pourquoi ?

– Parce qu'on est musulmans.

– Pourquoi ?

– Tu ne vas pas me faire le coup des « pourquoi » à répétition ? soupira Wafa.

– Mais c'est pas bien d'être musulmans. On n'a pas Noël, c'est pas juste !

– Ce n'est pas une question de justice. C'est une question de croyance. Et puis tu exagères, tu l'as eu, ton chat en peluche !

– Oh oui, mais c'est parce que je me suis

roulée par terre dans le magasin, dit Makeda avec une pointe de satisfaction dans la voix. Qu'est-ce que tu m'as acheté ?

– Quoi ?

– Ben, pour mon anniversaire !

– Rien, répondit Wafa. J'ai pas d'argent, moi.

Makeda se leva de son lit, tira la langue, la traita de méchante et sortit en martelant le sol avec ses pieds. Wafa sourit pour elle-même. Régulièrement, papa Oumar vidait ses poches et lui donnait tous les centimes. Depuis des mois, Wafa économisait les petits sous pour Makeda. Le résultat n'était pas fabuleux : cinq euros soixante-trois. À la papeterie, Wafa avait trouvé une gomme multicolore, un crayon avec une tête de Mickey et un feutre qui écrivait en rose fluo. Il lui restait deux centimes.

Wafa s'étira. Elle avait très soif. Avec un peu de chance, Nawal était chez Halimo. Wafa détestait sa grand-mère et l'évitait le plus possible. Elle s'aventura dans le couloir et s'arrêta net. La porte du salon avait été repoussée, ce qui n'arrivait jamais dans la journée. L'oreille aux aguets, Wafa avança très lentement. On parlait somali, ce qui n'était guère étonnant. Nawal répugnait à utiliser le français.

Wafa se retourna vers la chambre close des garçons. Makeda s'était sans doute réfugiée dans la minuscule salle de bains. Comme elle ne parvenait pas à saisir le moindre mot de la discussion, Wafa prit la décision d'entrer. Elle eut un choc en voyant Halimo en compagnie de sa mère et de Nawal. Les trois femmes se retournèrent vers elle, brusquement muettes.

– Oh, pardon ! Je ne voulais pas vous déranger… Je venais juste prendre un verre d'eau.

Wafa se dirigea vers l'évier et prit un *mug* en métal émaillé sur l'égouttoir. Elle but l'eau du robinet, avala de travers et toussota. En reposant le mug, elle surprit le regard terrible de sa tante. Wafa y lut la rage que Halimo ne pouvait exprimer en paroles. Mais, plus que de la rage, il y avait de la souffrance.

Halimo était en permanence sous haute surveillance. Elle n'avait jamais la possibilité de discuter avec sa nièce sans témoins. Dans un effort désespéré, elle essayait de lui parler avec ses yeux.

Wafa fit mine de ne s'apercevoir de rien et regagna le couloir d'un pas mesuré. Dès qu'elle se retrouva seule dans sa chambre, elle se mit à trembler de tout son corps.

Wafa avait compris.

2

Disparition

Cali récupéra Abdourahim à la sortie des cours. D'ordinaire, il ne l'attendait pas mais papa Oumar lui avait demandé de surveiller son frère. Le vendredi, Wafa finissait plus tôt et allait chercher Makeda à la maternelle.

– Putain de ville, grogna Abdourahim. On est en mai et on se gèle ! Ça y est ! Y flotte ! Ça faisait longtemps !

– Est-ce que, des fois, tu t'arrêtes de râler ?

– Pourquoi j'arrêterais ? J'en ai marre de ce pays de merde. Chais pas pourquoi on n'est pas restés à Djibouti.

– Y avait pas de travail.

– C'est vrai qu'ici on a la belle vie. Super de ramasser les poubelles. J'ai hâte de m'y mettre !

– T'es usant, Abdou.

Abdourahim shoota dans une canette vide.

– Tu comprends pas. Moi, j'ai besoin de soleil. Djibouti, c'était bien.

– Tu t'en souviens ? s'étonna Cali. T'avais quoi ? Quatre ans quand on est partis ?

– Oui, je m'en souviens. Je me baladais en short et je jouais au foot avec les copains. Au soleil.

– Ce que j'aimais le plus, c'étaient les odeurs d'épices sur le marché, dit Cali en souriant. Et puis les filles avec leurs voiles de toutes les couleurs.

– Tu vois, t'es comme moi, tu regrettes.

– Mais j'aime bien aussi les filles d'ici ! rigola Cali.

– Ouais…, surtout la copine de Wafa, hein ?

Cali donna une bourrade à son frère. C'était vrai, il avait le béguin pour Fatou. Elle était trop jolie avec ses nattes pleines de coquillages. Malheureusement, c'était le genre qu'on ne ramène pas à la maison. Jamais Nawal ne le permettrait. Fatou était sénégalaise et n'en avait rien à secouer de l'islam. Sa famille n'était pas pratiquante.

– Wafa dit que Fatou mange du porc à la cantine, répondit Cali.

– C'est débile, cette histoire de porc. Le jambon, c'est super bon !

– Mais… T'en as pas mangé, quand même ?

– Si.

Cali l'attrapa par le bras et le regarda d'un air consterné.

– Tu te fous de moi, hein ?

– Non, répondit Abdourahim en se dégageant. J'ai goûté. Un tout petit bout…

– Mais c'est interdit ! hurla Cali.

– Et pis quoi ? Moi, je ne crois pas en Dieu. Quand je serai grand, je ferai tout ce que je voudrai. Et j'épouserai une fille comme Fatou. Ou alors Jasmine… Ou Cindy… Ou Alison… Ou…

Pendant qu'Abdourahim énumérait les noms de toutes ses camarades de classe, Cali essayait de se remettre du choc. Abdourahim ne croyait pas en Dieu !

– Depuis quand ?

– Ou Zoé… Hein ?

– Ça t'est venu comme ça de plus croire en Dieu ?

– Non. C'est depuis que j'ai vu Nawal cracher devant la mosquée. Elle crache et pis après elle fait ses prières ! Elle gueule sur Halimo parce qu'elle a pas un foulard noir ! Tout ça, c'est des foutaises.

– Nawal, c'est pas un modèle !

– Je suis bien d'accord. Elle fait semblant d'être une bonne musulmane mais c'est du faux. Moi, je préfère être rien du tout. Au moins, c'est honnête !

– C'est Allah qui est important, pas notre grand-mère !

– J'y crois pas, à Allah, répéta Abdourahim.

– Ouais, du haut de tes onze ans, tu sais déjà tout ! Petit con !

– Je ne sais peut-être pas tout, mais je pense ce que je veux, répliqua Abdourahim. C'est mon problème.

Ils étaient arrivés au pied de leur immeuble. Abdourahim s'arrêta et se retourna vers son frère.

– Tu vas le dire à personne, hein ? demanda-t-il, inquiet.

– Je suis pas le genre à rapporter.

Cali espérait secrètement qu'il changerait d'avis. Abdourahim était perpétuellement en révolte, ces derniers temps. Ça pouvait lui passer aussi vite que ça lui était venu.

Rifki les accueillit sur le pas de la porte. Il

jeta un œil dans le couloir puis regarda ses grands frères.

– Heu… Wafa est pas avec vous ?

– Ben non, on est vendredi, répondit Cali. Pourquoi ?

– Iiiiii… grinça Rifki. Ça va pas aller… Elle est pas rentrée. Makeda non plus… Grand-mère est très en colère. Maman sait plus quoi faire…

Mako surgit du salon. Elle vit tout de suite que ses filles n'étaient pas avec eux. Elle se prit la tête entre les mains et commença à geindre en se balançant. Abdourahim leva les yeux au ciel. Il détestait quand sa mère faisait tout un cirque pour des broutilles.

– Peut-être qu'elles sont allées au supermarché, dit Cali. Y avait pas des courses à faire ?

– Non, non… psalmodia Mako en geignant de plus belle.

Abdourahim faillit laisser échapper un « putain » et se retint de justesse en apercevant Nawal derrière sa mère.

– Mais je sais, moi ! s'écria-t-il. C'est à cause de l'anniversai-REUH ! Je suis sûr que Makeda a cassé les pieds à Wafa jusqu'à ce qu'elle l'emmène au magasin de jouets !

– C'est vrai, acquiesça Cali. Makeda veut toujours regarder la vitrine.

– C'est pas bien, c'est pas bien... murmura Mako. Il ne faut pas qu'elles traînent dans les rues.

– C'est l'école, fit Nawal. L'école, ça met des tas de mauvaises choses dans la tête des filles. Les filles doivent rester à la maison, s'occuper de leur mari et des enfants.

– Ben, aux dernières nouvelles, Wafa n'est pas mariée, répondit Abdourahim sans réfléchir.

Nawal avança de trois pas dans sa direction. Instinctivement, Abdourahim recula.

– Qu'est-ce qu'elle t'a dit ? demanda Nawal, la main levée et menaçante.

– Quoi ? Mais rien ! Elle m'a dit quoi à propos de quoi ?

– Elles vont arriver, assura Cali dans l'espoir de calmer un peu les esprits.

Nawal pointa un index accusateur vers lui.

– Toi, qu'est-ce que tu sais ?

Cali commençait à trouver la situation des plus étranges. Nawal semblait croire que ses petits-fils étaient au courant de quelque chose.

– Je comprends pas. Vous avez été voir chez tante Halimo ?

– Halimo... murmura Nawal, les dents serrées.

Elle traversa le couloir d'un bond et se mit à marteler rageusement la porte d'en face. Halimo lui ouvrit et fut aussitôt assaillie par sa mère en furie. Nawal l'invectivait en somali tout en la frappant. Mako repoussa ses fils à l'intérieur.

– Allez dans votre chambre, ordonna-t-elle en sortant.

Puis elle ferma derrière elle.

– Qu'est-ce que c'est, ce bin's? demanda Abdourahim.

Cali colla son oreille au battant. Malheureusement, on n'entendait plus rien.

– Ben, je voudrais pas être à la place de Wafa, commenta Rifki. Elle va s'en prendre une belle!

Comme il ne voyait pas l'intérêt de faire le piquet dans l'entrée, il décida d'aller lire une BD. Abdourahim fronça les sourcils. Il ne parlait pas très bien le somali mais il avait quand même saisi le sens des insultes de Nawal.

– Elle croit que Halimo sait où est Wafa. Mais pourquoi Wafa serait allée quelque part? Tu piges, toi?

– Nawal pense que c'est la faute de Halimo, répondit Cali. C'est ce qu'elle a dit: «C'est à cause de toi! C'est ta faute! Tu es une mauvaise fille!»

– Elle s'en prend toujours à tante Halimo. Je la déteste, cette vieille sorcière!

Cali tira sur la manche de son blouson pour consulter sa montre. Six heures et demie. Où donc étaient passées ses sœurs ? Jamais, auparavant, elles n'avaient disparu comme ça. Wafa était toujours si calme et docile !

– C'est trop zarbi, cette histoire, lança Abdourahim. J'espère que papa va vite rentrer.

– Il vaudrait mieux que ça soit Wafa…

Wafa et Makeda ne rentrèrent pas.

*
* *

Dissimulé dans la salle de bains, Cali espionnait les adultes. Il était déjà neuf heures du soir et aucune nouvelle des filles… Papa Oumar avait découvert que le pot de farine où il cachait ses maigres économies était vide. Wafa avait volé l'argent de la famille ! Elle n'avait pas agi sur un coup de tête. Elle avait pris l'argent avant de partir au collège. De toute évidence, elle n'avait pas l'intention de revenir à la maison. Cali ne comprenait pas pourquoi ses parents restaient là à ne rien faire. Quand les enfants font une fugue, on appelle la police, non ?

Nawal ne savait que crier après tout le monde. L'oncle Youssouf en prenait pour son grade. La vieille femme lui reprochait de ne pas « tenir » son épouse. Halimo ne respectait pas son mari parce qu'il ne la battait pas comme il aurait dû. Quand on a une mauvaise épouse, on la bat. C'était pourtant simple ! Oumar n'était pas épargné non plus. Il permettait tout à ses enfants. Si Wafa n'avait pas été à l'école… Papa Oumar protesta que c'était la loi française. Chose à ne pas dire. Nawal se lança dans un long discours vindicatif sur la France et les chiens d'infidèles, sans oublier l'imam sénégalais qui empoisonnait l'esprit des bons Africains attachés à leurs traditions.

Mako pleurait, effondrée dans le canapé-lit. Elle finit par se prendre une gifle de Nawal, exaspérée par ses jérémiades. Halimo n'était pas présente. Elle avait été écartée de la discussion. Elle faisait figure de coupable. Cali avait du mal à saisir le sens des paroles de Nawal. De quoi Halimo était-elle accusée ?

Cali se recula vivement en entendant des pas dans le couloir. Il s'empara de sa brosse à dents comme alibi au cas où il serait repéré. Mais on ne venait pas dans sa direction. Il perçut quelques mots échangés entre Youssouf et son père. Les deux hommes avaient décidé de parcourir la cité à la recherche des filles.

Cali s'assit sur les toilettes. Que ferait-il, lui, s'il voulait s'enfuir ? Il ne resterait sûrement pas dans le quartier ! Il devait y avoir un peu moins de cent euros dans le pot de farine. Pas de quoi prendre l'avion pour Djibouti... mais suffisamment pour se payer un billet de train. Il se leva pour courir après son père. C'était à la gare qu'il fallait chercher ! Puis, soudain, Cali se rassit. La vraie question n'était pas de savoir où étaient ses sœurs. La vraie question, c'était pourquoi…

Cali essaya de se remémorer les événements de ces derniers jours. À part la bagarre d'Abdourahim, il ne s'était rien passé de particulier. Wafa était comme d'habitude. Elle étudiait dans sa chambre, elle aidait à la cuisine et au ménage, elle faisait les courses… Toujours sage et obéissante, presque aussi soumise que leur mère. Même Nawal ne lui gueulait pas dessus autant que sur les autres. Cali regrettait de ne pas avoir été plus attentif. Il ne s'était jamais beaucoup intéressé à Wafa. En fait, les hommes étaient tenus à l'écart des histoires de femmes. Ça, il l'avait bien remarqué. Il y avait en permanence des conversations à mi-voix entre Nawal et sa mère. Parfois, même, Halimo était présente. Halimo…

Oui, bien sûr ! Son cousin Hassan ! Il lui avait dit un jour, en rigolant, que Nawal avait prévu son mariage avec Wafa. En rigolant…, car il ne pensait pas que ça arriverait. Il avait ajouté que sa mère était contre. De toute façon, il n'avait aucune envie d'épouser Wafa ! Ça expliquait pourquoi Nawal avait accusé Halimo d'être responsable. Alors... Wafa s'était peut-être enfuie parce qu'elle avait peur d'être obligée de se marier avec Hassan.

Mais pourquoi Wafa avait-elle emmené Makeda avec elle ?

3
La tour Eiffel

– On va voir la tour Eiffel, dit Makeda au contrôleur du train.

– Ah oui, bien ! Vous avez la carte famille nombreuse ?

D'une main tremblante, Wafa sortit les cartes de sa sacoche. Elle s'attendait à ce qu'il lui pose des questions : Où sont vos parents ? Vous voyagez seules ? Quel âge avez-vous ?

– C'est mon anniversaire.

Le contrôleur sourit en poinçonnant les billets.

– Bon anniversaire et bonne tour Eiffel !

– Merci, monsieur, répondit Wafa.

Makeda prit le paquet de biscuits et recommença à grignoter. Wafa n'en revenait pas que le contrôleur ne s'intéresse pas plus que ça à leur présence. Les enfants qui prennent le train ne sont pas rares, et Wafa faisait plus que ses quatorze ans. Les paupières de Makeda papillonnaient. Bientôt, elle allait s'endormir, bercée par le roulis. Dans sa tête, Wafa repassait encore et encore la journée écoulée. Elle était stupéfaite d'être arrivée jusque-là sans avoir succombé à une crise cardiaque.

Elle s'était levée à six heures trente comme d'habitude. Papa Oumar était parti travailler depuis longtemps. Mako traînait toujours au lit. Wafa préparait le petit déjeuner pour tout le monde. Cela faisait partie de ses tâches. Elle dit bonjour à sa grand-mère, l'aida à refermer le canapé-lit, mit les bols sur la table, sortit le lait du frigo. Wafa surveillait Nawal du coin de l'œil tout en s'affairant. Il y avait au moins une chose de bien avec Nawal :

ses intestins étaient réglés comme du papier à musique ! Et ce matin-là comme tous les autres, sa grand-mère se rendit aux toilettes. Wafa déplaça un tabouret pour atteindre le placard du haut où se trouvait le pot de farine. Elle prit les billets, les glissa dans son soutien-gorge, remit tout en place. Puis elle alla frapper à la porte des garçons et retourna dans sa chambre. Elle réveilla Makeda, l'aida à s'habiller. Elle la força à mettre un pull malgré ses protestations. Elle prétendit qu'on avait dit à la météo qu'il allait faire froid.

Toute la durée du petit déjeuner, Wafa crut que son cœur allait exploser. Elle avait l'impression que Nawal l'observait. En réalité, Nawal en avait après Abdourahim, qui faisait exprès d'aspirer bruyamment son chocolat chaud. Wafa pressa le mouvement. Elle fit la vaisselle rapidement, rangea les boîtes de céréales et partit s'enfermer dans la salle de bains. En se lavant les dents, Wafa regardait son visage dans le miroir. Les larmes mouillèrent ses longs cils. Elle ne pouvait pas... Mais du couloir lui parvint la voix guillerette de Makeda : c'est mon anniversai-REUH ! Wafa poussa un soupir douloureux et rassembla tout son courage. Elle devait le faire. Il n'y avait pas d'autre solution que de s'enfuir. Elle essuya ses yeux avec le gant, vérifia l'argent dans son soutien-gorge, réajusta son tricot. Elle sortit de la salle de bains, se mit à crier après les garçons qui n'étaient toujours pas habillés. Exactement comme tous les matins...

Dans son armoire, Wafa prit son grand châle noir brodé de blanc. Il était chaud et léger, d'une belle laine douce. Elle le plia soigneusement et le tassa dans son sac. Elle n'avait pas le droit de le porter au collège. Il était préférable que Nawal ne l'aperçût pas.

Comme tous les matins, les cinq enfants Beila coururent pour attraper le bus. Wafa descendit, avec Rifki et Makeda, une station avant les deux autres. Elle devait les conduire, l'un à l'école primaire, l'autre à la maternelle. Ensuite, elle piqua un sprint pour arriver à l'heure au collège.

La journée fut une torture pour Wafa. Son angoisse augmentait au fur et à mesure que le temps s'écoulait. À un moment, elle faillit tout raconter à Fatou, qui s'étonnait de son air absent. Mais elle ne pouvait rien dire à personne, même pas à sa meilleure amie, même pas à Cali. Toujours se taire. Comme Halimo, souffrir en silence.

Lorsque la sonnerie retentit, son cœur fit un bond. Elle jeta un regard désespéré vers Fatou, qui était trop occupée à rigoler des clowneries de l'inénarrable Camille. Wafa enviait Fatou quand elle riait de cette façon, sans retenue, sans crainte de remontrances. En toute liberté. Les femmes somalies avaient la réputation d'être tristes. C'était la vérité : elles étaient vraiment tristes.

Makeda était gaie. Wafa se souvenait vaguement qu'elle aussi elle l'avait été avant ses six ans. Le rire de Fatou délivra Wafa de tous ses doutes. Makeda devait rester ce petit être à la mine radieuse, toujours joyeux et heureux de vivre. Wafa allait tout faire pour ça, même l'impensable.

*
* *

Wafa se força à sourire en récupérant Makeda à la sortie de la maternelle.

– J'ai trop chaud, râla la petite fille. La météo s'est trompée !

– Ça leur arrive tout le temps, répondit Wafa. Alors, est-ce que tu es prête pour ton cadeau d'anniversaire ?

Le visage de Makeda s'éclaira d'un gigantesque sourire.

– Qu'est-ce que tu m'as acheté ? Qu'est-ce que tu m'as acheté ?

– Pour le moment, rien… Mais… Est-ce que ça te plairait de… de…

– De quoi ? De quoi ? Me fais pas attendre !

– De voir la tour Eiffel ! s'écria Wafa, du ton le plus enthousiaste possible.

Makeda resta bouche bée.

– C'est pas une belle surprise, ça ? Je t'emmène à Paris !

– Avec papa ? demanda Makeda.

– Hein ? Euh, non ! Moi, moi toute seule. Euh… Papa m'a donné de l'argent. Allez viens, maintenant. On doit aller à la gare. Je ne sais pas à quelle heure il y a un train.

C'était là le plus gros souci de Wafa. Elle ignorait même s'il y avait un train en partance ! Makeda ne se posa pas plus de questions. La tour Eiffel, c'était un de ses rêves depuis qu'elle l'avait vue à la télé. Wafa avait repéré l'arrêt sur le plan des autobus. C'était tout ce qu'elle connaissait de la gare, un petit point sur un plan. Elle n'avait seulement jamais mis les pieds dans le centre-ville de Cherbourg. Heureusement, comme il leur fallait prendre le bus pour aller à l'école, Wafa avait leurs cartes de réduction.

Elles trouvèrent la gare facilement. Tout aussi facilement, on leur délivra les billets au guichet. Il y avait un train à dix-sept heures vingt-trois. Le maigre budget de Wafa fut amputé de trente-cinq euros. Ce furent les plus longues vingt minutes de toute la vie de Wafa. À chaque seconde, elle s'attendait à être arrêtée par la police ou par un agent de la SNCF. Ou, pire encore, par un membre de sa famille. Mais personne ne semblait s'intéresser à elles.

Le train partit à l'heure.

*
* *

Wafa regardait Makeda dormir paisiblement. Dans un mois, se tenaient les épreuves du brevet. Wafa avait travaillé dur. Elle voulait réussir, avoir une chance de continuer ses études. Tous ses efforts étaient réduits à néant. Elle ne passerait pas le brevet. Elle n'irait pas au lycée professionnel comme elle l'avait imaginé, dans la filière commerciale. C'était un vœu secret car elle n'avait jamais osé aborder le sujet avec ses parents. Elle savait pertinemment qu'elle était destinée à se marier et à rester à la maison pour s'occuper de sa famille. Cela allait sans dire, donc on n'en avait jamais parlé.

Wafa avait misé sur la France. En vain. Ses parents pensaient toujours africain. Et le plus terrible, dans un sens, c'était qu'elle ne leur en voulait pas. Ce n'était pas leur faute mais celle de leur éducation. Son père était un homme bon et elle l'aimait. Si Nawal n'était pas là, il écouterait son cœur. Il suivrait la loi française plutôt que les droits coutumiers d'un autre âge. Peut-être... Wafa voulait le croire. Elle s'était prise à espérer en entendant les prêches de l'imam sénégalais. Il s'en prenait violemment aux traditions ancestrales de l'Afrique. Il répétait sur tous les tons que l'islam interdisait formellement certaines pratiques. Le résultat ne s'était pas fait attendre. Nawal avait décrété qu'ils n'avaient rien à faire dans une mosquée dirigée par un mauvais imam. En d'autres termes : un imam qui ne partageait pas ses idées.

Wafa avait presque oublié… Il avait suffi du seul regard de Halimo pour qu'elle comprenne. Makeda était née en France.

Mais elle avait six ans.

*
* *

Il faisait encore jour à leur arrivée à Paris. Il ne pleuvait pas, l'air était doux. Un peu éberluée, Makeda regardait les brasseries et la foule autour des grands magasins.

– C'est pas là, la tour Eiffel, dit-elle, les yeux écarquillés.

Wafa ne savait pas où était la tour Eiffel. Pas plus qu'elle ne savait où elles allaient dormir. Sur le parvis de la gare, Wafa prit toute la mesure de son acte. Elle commença à paniquer. Elle observait les visages de tous ces étrangers affairés, cherchant un secours, un petit rien qui pourrait l'aider…

– T'as pas cinquante centimes ?

Wafa eut un brusque mouvement de recul devant le jeune homme barbu et sale qui lui tendait la main. Elle empoigna Makeda par le bras et l'entraîna en courant. Elles se précipitèrent dans le flot de la circulation, accompagnées par un concert de klaxons.

– Aï-yeu ! protesta Makeda. Tu m'as fait mal ! J'ai faim !

Wafa avisa ce qu'elle prit pour une simple boulangerie et fut effarée par le prix des gâteaux. Elle ignorait qu'il existât une chose aussi étonnante que des pâtisseries de luxe.

– C'est la pub de la télé ! dit Makeda en lui indiquant une enseigne rouge et jaune.

Wafa n'avait jamais mis les pieds dans un fast-food. Elle ne connaissait les hamburgers frites que par la grâce de la cantine scolaire.

– Tu veux ça ? demanda-t-elle.

– Oh oui, oui ! s'enthousiasma Makeda. C'est comme à la télé !

Au moins, elles pouvaient avoir un repas complet pour le prix d'une tarte aux fraises. Il y avait beaucoup de monde dans les files. Wafa essayait de décrypter les mystérieuses appellations des différents plats. Elle se fit très attentive à l'approche du comptoir, écoutant les commandes des personnes devant elle.

– Une boîte de douze et une grande frite, un menu enfant s'il vous plaît, dit-elle d'une voix assurée. Sur place.

– Comme boisson ?

– Heu… de l'eau.

Elle fut soulagée en voyant qu'elle ne s'était pas trompée : la boîte de douze, c'était bien du poulet. Makeda porta, toute fière, son plateau jusqu'à une table. Son bonheur fut à son comble quand elle s'aperçut qu'il y avait une figurine en plastique fluo dans son menu.

– Tu crois qu'ils savent que c'est mon anniversaire ?

– Non, répondit Wafa. Il y a un cadeau dans tous les menus enfant.

– Super, dit Makeda en engloutissant une poignée de frites grasses. Hum… Trop bon…

Wafa mangeait le plus lentement possible, de crainte qu'on leur demande de partir dès qu'elles auraient fini. Ici, elles étaient à l'abri. Mais après ? Où aller ? Makeda bâilla et se frotta les paupières.

– On va à la tour Eiffel, maintenant ? demanda-t-elle.

– Non, c'est fermé. Il fait nuit.

Makeda se tourna vers la rue. Il y avait tellement de lumières partout qu'il était difficile de distinguer la nuit du jour.

– Mais alors… Où on dort ?

Wafa jeta des regards inquiets autour d'elle. Non, personne n'avait entendu. Là, comme à la gare, comme dans le train, on ne leur prêtait aucune attention. Elle glissa la bouteille d'eau dans son sac et prit Makeda par la main. Elle faillit oublier le petit cartable de sa sœur sous la table. Il y avait quelque chose d'absurde à transporter leurs affaires de classe. Wafa ne savait vraiment pas quoi en faire.

Il y avait des voies piétonnières derrière

les grands magasins. Toujours beaucoup de monde, ce qui était rassurant. Makeda ne dit rien quelques minutes puis elle comprit qu'elles erraient sans but.

– On fait quoi, maintenant?

Wafa poussa un soupir, les larmes prêtes à couler.

– Je suis désolée, Makeda… Je t'ai menti: on ne va pas voir la tour Eiffel. Il fallait qu'on quitte la maison.

– Pourquoi?

– Parce que Nawal est méchante.

– Ben, c'est pas nouveau…

– Très, très méchante. Et même papa ne pouvait pas nous protéger.

– C'est pas vrai! protesta Makeda. Papa, il est fort!

– Papa, il fait ce que Nawal lui dit de faire. C'est-à-dire: rien… C'est des problèmes de filles. Les garçons ne s'en occupent pas. C'est comme ça.

– Mais… on peut quand même aller voir

la tour Eiffel ? demanda Makeda d'une toute petite voix.

Wafa laissa tomber cartable et sac pour serrer Makeda dans ses bras. Elle la berça et l'embrassa tout en laissant couler ses larmes.

Dans l'ombre d'une porte cochère, un homme les observait.

4

UN JEUNE HOMME BARBU ET SALE

Depuis plusieurs minutes, Wafa et Makeda tournaient en rond autour de la gare RER. Il faisait nettement plus frais. Wafa avait enveloppé sa sœur dans le grand châle. Makeda tenait à peine debout. Elles ne pouvaient pas continuer comme ça. Il fallait trouver un abri où passer la nuit. Wafa avait très peur d'être repérée par la police.

Makeda en eut brusquement assez de marcher et s'effondra derrière une benne à ordures. Après tout, là ou ailleurs… quelle importance ? Les gens évitaient de les regarder. Sans doute craignaient-ils qu'elles leur demandent quelques centimes. Un homme en costume et cravate, cependant, s'arrêta à leur hauteur.

– Vous avez besoin d'aide ?

– Non, non ! répondit Wafa, promptement.

– Allons… Je travaille pour l'assistance sociale de la Ville de Paris. Je ne suis pas là pour vous juger, ni pour vous dénoncer aux flics. Je veux seulement vous secourir, dans la mesure du possible. C'est votre fille ?

Wafa profita de l'état de somnolence de Makeda pour répondre oui. Elle espérait lui faire croire qu'elle était majeure.

– Bon, c'est une chance dans un sens. Il y a encore des places dans les foyers d'accueil pour les mères avec enfants. Je peux vous y conduire. Vous pourrez prendre une douche, manger, dormir dans un lit… Et demain matin, vous pourrez partir sans qu'on vous demande quoi que ce soit. C'est la règle : on ne pose aucune question. Mais si vous voulez parler, on vous écoutera.

Il souriait d'une manière encourageante. Son apparence et sa voix douce incitaient à la confiance. Wafa n'était pas particulièrement méfiante mais elle était timide avec les étrangers. Elle ne savait pas quelle attitude adopter.

– Ce n'est pas très loin d'ici, reprit l'homme. Vous jetez un œil et, si ça ne vous plaît pas, vous pouvez vous en aller. Je vous le répète : aucune question.

Wafa regarda Makeda, pelotonnée dans le châle. Elle paraissait endormie.

– Je vais porter la petite, dit l'homme en se penchant.

Son geste fut brusquement interrompu par l'apparition d'un individu barbu et sale. Wafa reconnut aussitôt le jeune SDF de la gare.

– Dégage ! hurla-t-il en repoussant l'autre violemment.

– Qu'est-ce que… Me touche pas, toi !

– Fous-leur la paix, t'as pigé ?

– Tu ferais mieux de te tirer vite fait si tu ne veux pas d'ennuis ! dit l'homme.

Le SDF leva le poing et fit mine de vouloir le frapper.

– Je sais très bien ce que tu trafiques dans le coin, salopard !

– Bien sûr, répondit l'homme en s'adressant à Wafa. Je travaille pour la Ville de Paris et…

– Foutaises ! cria le SDF en se tournant lui aussi vers Wafa. Le crois pas, c'est des mensonges !

– Voyons, du calme… demanda l'homme en reprenant sa voix douce.

– Oh, je suis très calme ! ricana le SDF. Tu veux voir quand je le suis pas ?

L'homme tendit la main vers Wafa.

– Vous devriez venir avec moi… Il est sans doute ivre…

Mais Wafa avait remarqué son changement de comportement et elle était prise de doutes.

– Ouais, c'est vrai, chuis pas des plus sobres… Écoute bien, la petite : ce mec-là, il ratisse les abords des gares pour repérer les gosses comme toi. Tu le suis et plus personne n'entendra jamais parler de toi ! Tu comprends ?

L'altercation avait fini par attirer l'attention de plusieurs passants. Certains accéléraient le pas, d'autres les observaient tout en avançant et quelques-uns, les badauds parisiens purs et durs, s'étaient arrêtés. Le SDF les prit aussitôt à partie :

– Regardez-le bien, mesdames et messieurs ! Ça, c'est une immonde crapule ! Un mac de la pire espèce, le genre qui vend les enfants au rabais !

L'homme faisait des signes embarrassés en murmurant des « il est dangereux » et des « soyez prudents, il est défoncé ». Mais il reculait au fur et à mesure. Le SDF ramassa un sac-poubelle dans la benne et le lui jeta à la figure. L'homme prit la fuite.

– Le spectacle est terminé, mesdames et messieurs ! rigola le SDF, en saluant. Pour les artistes, merci, merci…

Cela suffit pour que la plupart des promeneurs se défilent précipitamment. L'un d'eux, amusé, mit cependant la main à la poche et lui donna un euro.

– Vous êtes un prince, dit le SDF en s'inclinant.

Wafa contemplait le sac-poubelle écrasé sur le trottoir. Elle avait failli suivre quelqu'un qui lui voulait peut-être du mal… Elle eut un sursaut en s'apercevant que le jeune homme barbu et sale était devant elle. Et celui-là, que lui voulait-il ? Où était la vérité ?

– Ça va ? demanda-t-il.

– Il a dit qu'il était assistant social… bredouilla Wafa.

– Ben, il allait pas te dire qu'il voulait te vendre sur le trottoir, cocotte. À toutes fins utiles…, les vrais assistants sociaux qui bossent dans la rue, ils ne portent JAMAIS un costume cravate ! À la limite, un uniforme de pompier… Je m'appelle Romuald. Me donne pas ton nom, si tu veux pas.

– Fatou, répondit spontanément Wafa.

– Je vais rester près de vous, cette nuit, proposa Romuald. Cet enfoiré pourrait revenir.

Il s'assit par terre, légèrement à l'écart. Il tassa sa besace contre le mur, dans son dos. Il releva le col de sa veste crasseuse et se coucha en chien de fusil. Bientôt, il se mit à ronfler. Comment pouvait-il s'endormir ainsi, aussi facilement ? Wafa n'avait pas envie de rester là. Mais elle ne pouvait pas réveiller Makeda. Elle se serra contre sa petite sœur. Elle tournait la tête dans tous les sens, scrutant les moindres recoins, comme un animal traqué. Il fallait qu'elle trouvât une solution. Makeda et elle ne pouvaient pas vivre dans la rue ! Wafa doutait que Romuald pût l'aider, même s'il était animé des meilleures intentions, ce qui restait à prouver... Il était, sans doute, aussi paumé qu'elle mais il avait plus d'expérience. C'était justement ce qui faisait défaut à Wafa.

*
* *

Wafa sursauta et eut un bref moment de panique. Elle avait dormi. Deux éboueurs faisaient rouler la benne vers leur camion. Ils lui lançaient des regards apitoyés. Wafa pensa à son père et se sentit très mal.

– Faut partir avant l'ouverture des boutiques, lui dit un des éboueurs. Je connais les commerçants du coin. Ils appellent les flics pour qu'on les débarrasse des SDF. Y sont pas très sympa, ici.

– Merci... murmura Wafa en essuyant ses yeux humides.

– Remarque, souvent les flics, y viennent pas !

Les deux collègues se mirent à rire et continuèrent leur travail. Wafa toucha la joue de Makeda pour s'assurer qu'elle n'avait pas froid. Le bruit du camion avait réveillé Romuald, qui s'étirait en bâillant.

– Salut, Fatou !

Wafa faillit se retourner puis se souvint qu'elle lui avait donné un faux nom.

Romuald comptait les pièces récoltées la veille.

– Je t'offre un café, si tu veux.

– Je ne bois pas de café.

– Ben... J'ai peut-être assez pour un chocolat chaud... mais faudra que tu le partages avec la petite.

– Ce n'est pas la peine.

– Tu as de l'argent ? Parce que si c'est le cas... Petit un, me le dis pas ! Petit deux, ne le dis à personne... Petit trois, planque-le bien. Petit quatre, ne le dépense pas. Ça paraît idiot mais, crois-moi, il ne va pas durer longtemps et tu en auras besoin un jour ou l'autre pour un coup dur.

– Alors, je ne mange pas ? demanda Wafa.

– Ben... Y a un bon plan, c'est la camionnette devant l'église Saint-Laurent. Faut y aller vers six heures du soir.

– La camionnette ?

– Ouais. Bouffe gratis. C'est pas délicieux et on fait la queue avec des paumés de chais pus quel trou… des genres de Turcs. Des fois, on se fout un peu sur la gueule parce qu'il y a de sacrés ivrognes aussi. Et pis, y a aussi Saint-Nicolas-des-Champs. Eux, c'est plutôt petit déj' servi avec le sermon. Y sont gentils mais y me gonflent un brin… C'est le quartier que je fréquente le plus à cause des gares.

– Il y a plusieurs gares ? s'étonna Wafa.

– Ben oui… Holà ! De quel monde tu débarques, toi ?

Wafa se traita d'idiote mentalement. Évidemment, qu'il y avait plus d'une gare à Paris !

– Je ne connais pas du tout la capitale. Je suis complètement perdue.

– Ah ! Va falloir que je t'apprenne le plus important, alors.

– C'est quoi ?

– Le métro. Allez, réveille la petiote. On va au café à l'angle. Si on se pointe tôt, ils veulent bien nous servir. C'est des braves, ceux-là. Avant, on met au point la stratégie.

– La stratégie ? répéta Wafa.

– Ouais. Je suppose que tu as l'intention de mentir, alors autant le faire bien. Voyons... Le bon truc, c'est la gosse. Voilà. Ton mari t'a abandonnée, tu t'es retrouvée à la rue avec ta fille. Les mômes, c'est comme les chiens, ça attendrit le client.

Wafa ouvrit de grands yeux stupéfaits. Romuald se mit à rire.

– Je sens que je vais avoir du boulot avec toi ! Pour cette fois, tu te tais et tu écoutes.

– Wafa ?

Makeda se redressa, les paupières bouffies. Romuald fronça les sourcils.

– On rentre à la maison ?

Wafa fit non tristement. Makeda semblait résignée mais elle était encore ensommeillée.

– Wafa, ça veut dire maman ? demanda Romuald.

– Non, avoua Wafa. C'est mon vrai nom.

– C'est pas ma maman ! s'exclama Makeda, subitement joyeuse. C'est ma sœur !

– Plus maintenant, répondit Romuald.

*
* *

Makeda s'entraînait à appeler sa sœur « maman » en marchant vers le café. C'était un jeu pour elle. Le serveur, derrière son comptoir, alignait les tasses à côté du percolateur.

– Salut, Marco ! lança Romuald. Un petit noir !

Le serveur se retourna et sourit. Makeda tira la manche de Wafa, après inspection de la salle.

– Où il est, le petit noir ?

Le serveur éclata de rire. Romuald profita aussitôt de l'occasion. Il se pencha par-dessus le zinc, invitant Marco à la confidence d'un discret signe de la tête.

– Je les ai ramassées hier, les malheureuses… Franchement, j'en ai vu de toutes sortes depuis que je suis dans la rue. Mais là…

même un vieux solitaire comme moi, j'ai craqué. Elles ont débarqué d'Afrique avec le mari, y a pas trois mois. Ce salopard, y s'est trouvé une autre bonne femme et il s'est tiré. Évidemment, leur proprio a pas tardé à les foutre dehors.

– Ces enfoirés de proprios, acquiesça le serveur.

Il n'avait pas de très bons rapports avec le sien à propos d'un chauffe-eau en panne. Romuald le savait parfaitement, ayant supporté, plusieurs matins de suite, les longues plaintes de Marco.

– T'as remarqué le cartable? continua Romuald, avec une mine de circonstance. Le rêve de la gosse, c'était d'aller à l'école. Avant que le salaud de mari les abandonne, sa pauvre mère lui avait acheté le cartable pour lui faire plaisir. La môme veut pas le lâcher, ce foutu cartable...

Wafa se tenait silencieusement à l'écart, les yeux baissés. Elle n'avait pas beaucoup à se forcer pour avoir l'air complètement égarée. Romuald avait sorti sa monnaie.

– C'est combien, le chocolat? Pour la petite.

Marco leva la main et protesta.

– Non, non! C'est pour la maison! Allez, deux chocolats!

Makeda sauta sur place en criant des «oh, merci monsieur, merci monsieur!» du meilleur effet. Romuald apprécia: on en ferait quelque chose, de la mioche. Un homme au comptoir, qui n'avait rien perdu de la conversation, insista pour leur payer les croissants. Il eut un peu de mal à se débarrasser de Makeda, qui voulait absolument lui faire un bisou.

– Et voilà! Deux chocolats, un petit noir et trois croissants! claironna Marco, décidément de très bonne humeur. Tiens, tu sais quoi, Romu? Je crois que je vais appeler mes chocolats chauds des «petites négresses»!

Il partit d'un rire gras. La plaisanterie

amusa modérément Wafa. Mais elle lui sourit quand même, réellement reconnaissante. Elle n'oublia pas non plus la leçon donnée par Romuald. Elle s'inclina à plusieurs reprises, les mains jointes contre son front, en balbutiant des remerciements. La manière n'avait rien d'africain mais ça faisait «plouc débarqué de Ouagadougou», selon l'élégante expression de Romuald.

5
À LA MAISON

Cali ne comprenait pas l'attitude de ses parents. Sa mère restait assise dans le canapé à se lamenter. Son père et son oncle, après avoir arpenté vainement la cité, tournaient en rond dans le petit appartement, incapables de la moindre initiative. Quant à Nawal, elle psalmodiait ses prières dans un coin du salon, en embrassant le saint talisman du cheikh de Djibouti.

Rifki était le seul à avoir classe le samedi matin. Mais, comme Wafa n'était pas là pour le conduire à l'école, il n'y était pas allé. Cali n'osait rien dire. Abdourahim observait tout le monde d'un air féroce mais ne s'aventurait pas non plus à parler.

– On va manger, ce midi ? demanda soudain Rifki, levant le nez de sa BD.

– Tente ta chance avec grand-mère, répondit Abdourahim.

– Je crois pas, non... On peut peut-être se servir un bol de céréales ?

– T'as envie d'aller dans le salon, toi ? Moi, j'ai donné, merci...

Rifki se tourna vers Cali, dans l'espoir qu'il se dévouât.

– C'est pas possible, soupira Cali. On ne peut pas quand même attendre comme ça sans rien faire !

– Et tu veux faire quoi ? l'agressa Abdourahim. Dès qu'on l'ouvre, on nous renvoie dans notre chambre ! Putain, y a marre !

Il shoota dans son sac à dos mais ce n'était pas satisfaisant. Il flanqua un coup de pied dans le mollet de Rifki.

– Hé ! protesta celui-ci. J'ai rien fait, moi !

– Tu me fais chier, c'est suffisant.

Il fit mine de recommencer. Rifki s'écarta, il avait l'habitude.

– Arrête, Abdou, ordonna Cali. Ce n'est pas le moment.

Rifki s'assit en tailleur sur son lit, pour se mettre à l'abri de son frère.

– Je comprends pas, dit-il. Pourquoi Wafa elle est partie ?

– Elle est peut-être pas partie, répondit Abdourahim. On a peut-être enlevé nos sœurs !

Cali fronça les sourcils. Il n'avait pas pensé à ça et, de toute évidence, leurs parents non plus. Ils semblaient être sûrs que les filles s'étaient enfuies. On en revenait toujours à la même question : pourquoi Wafa avait-elle emmené Makeda ? Cali se doutait que les adultes savaient pourquoi. Et qu'ils n'avaient pas l'intention de le leur expliquer. Si seulement il pouvait parler avec Halimo… toujours enfermée chez elle.

Cali rassembla tout son courage.

– Venez avec moi. On va essayer un truc.

Rifki avait trop faim pour hésiter. Abdourahim ne voulait pas passer pour une poule mouillée, alors il suivit le mouvement. Du couloir, on entendait Nawal marmonner ses prières. Cali fut surpris de voir son père au téléphone. Il crut qu'il s'était décidé à appeler la police. Puis il s'aperçut que son père négociait des tarifs avec quelqu'un. Youssouf se tenait à côté de leur père, attentif à la conversation. Ils étaient occupés. C'était le moment d'en profiter.

Cali se présenta sur le seuil du salon, légèrement en retrait pour ne pas trop attirer l'attention de Nawal.

– Maman, on va déjeuner chez Hassan, annonça-t-il.

Il n'attendit pas qu'on lui répondît et poussa vivement ses frères vers la sortie. Il fut, malgré tout, étonné que personne ne réagisse. Ce fut Mahmoud, le plus jeune des cousins, qui leur ouvrit la porte.

– On vient manger, déclara avidement Rifki. T'as des céréales au chocolat ?

Hassan et Abdelaï regardaient la télé, assis par terre. Rifki vit tout de suite le paquet de chips, les cookies et la bouteille de limonade.

– Servez-vous, dit Abdelaï.

Rifki s'installa près de ses cousins et s'empara des chips, les yeux rivés sur la télé.

– Où est tante Halimo ? questionna Cali.

Hassan haussa les épaules et fit un vague geste de la main.

– Elle a pas le droit de quitter sa chambre.

Cali se mordilla l'intérieur de la joue. Il n'allait pas être facile de parler avec sa tante.

– Pourquoi elle est punie ? demanda Abdourahim.

– J'en sais rien, répondit Hassan. Des histoires de bonnes femmes, comme d'hab'. C'est pas très intéressant.

– Ouais, ben moi, elles m'intéressent, les histoires de bonnes femmes ! s'emporta soudainement Abdourahim. Mes frangines ont disparu, figure-toi ! Et je vais pas rester à me goinfrer de biscuits sans me poser plus de questions que ça !

– Qu'est-ce que j'y peux, moi ? rétorqua Hassan. Chuis pas au courant !

– Peut-être que ta mère pourrait nous aider, tenta Cali.

– Papa l'a enfermée, dit Abdelaï.

– Avec un seau pour faire pipi, ajouta Mahmoud en pouffant dans ses mains.

Abdelaï lui fila une taloche sur le haut du crâne.

– C'est pas drôle, petit con !

– Vous avez bien dû entendre des choses, insista Cali. N'importe quoi...

– Ouais, ça, pour être n'importe quoi ! ricana Hassan. Nawal a dit qu'il fallait appeler le marabout !

– Pour quoi faire ? s'étonna Cali.

– Parce que tes sœurs sont possédées, expliqua Abdelaï. Le marabout, il peut chasser les mauvais esprits.

– Nawal, elle pense que maman a plein de mauvais esprits dans le corps, dit Mahmoud, si impressionné qu'il en ouvrait de grands yeux.

– C'est des conneries ! s'écria Hassan.

– Le marabout peut faire revenir Wafa et Makeda ? demanda Rifki.

– Paraît, oui… répondit Abdelaï d'un air sceptique.

C'était donc ça, le coup de téléphone : papa Oumar avait appelé le marabout. Cali n'aimait pas ça du tout. Cela lui rappelait un souvenir fort désagréable. L'année passée, il avait attrapé une de ces gastro-entérites carabinées qui ravagent régulièrement les écoles. Comme il avait réellement beaucoup de fièvre, sa mère avait fait venir une guérisseuse, une vieille Éthiopienne ridée au regard méchant. Elle avait appliqué un carré de coton plié sur son ventre puis l'avait déplié pour y lire l'origine de son mal. Elle avait décrété que la cantine scolaire l'avait empoisonné. Elle avait vendu (cher) des graines de plantes à faire brûler près de son lit et de la poudre de jujubier à boire au coucher du soleil, diluée dans de l'eau. À toutes fins utiles, elle lui avait passé autour du cou une amulette pour le protéger contre l'exécrable nourriture des Blancs. Au bout de trois jours de jujubier et de fumigations, Cali était tellement affaibli qu'il ne pouvait même plus se lever pour vomir. Mais ni sa mère ni Nawal ne s'affolaient. C'était « normal », il fallait que la maladie sorte avant de partir. Sauf qu'elle ne partait pas... Des heures durant, Wafa avait supplié qu'on appelle un médecin. Elle avait réussi à convaincre Nawal avec un argument que cette dernière n'avait pu réfuter : si la maladie venait de la nourriture des Blancs, il fallait la médecine des Blancs ! Le docteur avait fait transporter Cali à l'hôpital. Il était si déshydraté qu'on l'avait gardé quarante-huit heures sous perfusion.

Cali prit brusquement conscience d'une chose qui ne l'avait pas effleuré auparavant. Ce jour-là, Wafa lui avait sauvé la vie.

*
* *

Nawal ne savait ni lire ni écrire mais elle en connaissait un rayon sur les pratiques magiques. Dans sa jeunesse, elle avait fréquemment assisté Hajé, l'*alaka* de son clan. Maintes et maintes fois, elle avait entendu le génie Zar s'exprimer par la bouche des malades. La renommée de Hajé dépassait les limites de son territoire. Elle avait toujours prescrit de bons remèdes. Nawal aurait voulu devenir une alaka. Elle songeait souvent avec nostalgie aux cérémonies nocturnes, au son des tambourins et aux danses qui durent jusqu'à l'épuisement. Et, surtout, à l'omnipotence des femmes. Car les hommes n'étaient pas autorisés à participer aux séances. Le génie Zar ne possédait que les femmes et il ne parlait qu'à elles seules.

Contrairement à ce que croyait Cali, si Nawal avait fini par céder aux supplications de Wafa, c'était uniquement parce qu'elle doutait des dons de la vieille guérisseuse. En revanche, le marabout Kibwe jouissait d'une excellente réputation. Il était, malheureusement, originaire du Bénin. Il n'y avait pas de marabouts somaliens ni même éthiopiens à Cherbourg. Et encore moins de saint homme comme le cheikh de Djibouti.

Nawal était convaincue que Zar résidait dans le corps de Halimo depuis leur départ d'Afrique. Il y avait dormi toutes ces années... s'éveillant par moments. Car comment expliquer autrement les révoltes occasionnelles de Halimo ? Nawal ne pouvait imaginer une seconde que sa fille eût une volonté propre. Halimo était simplement malade.

Zar avait pris possession de Wafa. C'était une proie facile, pervertie et ramollie par la vie en France. Nawal se sentait d'ailleurs coupable de ne pas avoir veillé à la bonne éducation de Wafa. Elle ne l'avait pas crue en danger, cette petite si docile et obligeante... Elle aurait dû lui enseigner les traditions de son pays et le respect de ses ancêtres. Oui, c'était sa faute si Zar avait profité de sa faiblesse.

Dans son coin du salon, Nawal ne se contentait pas de réciter les rares versets du Coran qu'elle connaissait par cœur. Elle suppliait les âmes bienveillantes de ses ancêtres de lui pardonner son manque de vigilance. Elle implorait aussi leur protection pour Wafa et Makeda, perdues dans un monde forcément hostile où mille périls les guettaient. Depuis leur naissance, Nawal leur souhaitait de bons maris et de nombreux enfants. Wafa avait été préparée à sa vie de femme lorsqu'elle était encore en Somalie. C'était une bénédiction. Mais Makeda était née en France. Nawal avait compris trop tard quels risques menaçaient sa famille. Bien sûr, elle avait tout de suite vu que l'école avait une très mauvaise influence sur les enfants, en particulier Abdourahim.

Elle avait aussi réagi vivement lorsque son gendre avait acheté la télévision. Mais Oumar était maître chez lui et, à part désapprouver, elle ne pouvait pas grand-chose. Oumar n'était qu'un homme, donc un faible. Il travaillait avec des Français et il devait leur montrer qu'il était leur égal. C'était ça, le problème avec les hommes : les apparences primaient sur la raison. Alors, il fallait la télévision... et toutes ces choses inutiles vantées par la publicité qu'elle diffusait ! Lorsque les filles avaient disparu, Nawal n'avait pas manqué de l'accabler de reproches : s'il n'avait pas toujours cédé aux caprices de ses enfants, surtout à ceux de Makeda, cela ne serait jamais arrivé. Maigre satisfaction...

Nawal s'inquiétait sincèrement pour ses petites-filles. Car, en dépit de ce que l'on pouvait croire, elle les aimait vraiment.

6
Un monde pas forcément hostile

C'était un beau jour de mai lumineux et d'une douce chaleur. Comme toujours dès qu'un rayon de soleil brillait sur la capitale, les Parisiens se précipitaient aux terrasses des cafés. Wafa n'avait jamais vu ça : des gens attablés à n'importe quelle heure, en train de bronzer.

– Personne ne travaille, le samedi, à Paris ? demanda-t-elle.

– Ben si, les cafetiers ! répondit Romuald en riant.

Wafa pensa à son père qui se levait avant l'aube pour ramasser des poubelles. Il n'allait pas boire un verre en milieu de journée, lui.

Évidemment, à Cherbourg, le climat ne favorisait pas tellement les amateurs de terrasses et de parasols…

– Bon, reprit Romuald plus sérieusement, vous avez bien compris, les filles ?

– On va dans le métro, dit Makeda, à la fois excitée et craintive.

– Je crois pas que j'y arriverai… bredouilla Wafa.

– Mais si ! T'as été parfaite avec Marco !

– C'est pas pareil. Je… je n'ai pas l'habitude de parler aux étrangers. Je ne pourrai jamais faire la manche dans un wagon plein d'inconnus ! Ils… ils vont me regarder…

– Ça, non ! Ils vont tout faire pour ne pas te regarder ! Nous autres, on est transparents… Le grand art, c'est de se faire remarquer. Ta chance, c'est Makeda. Elle est trop mimi.

Makeda eut un de ces sourires éclatants dont elle avait le secret.

– Tu gardes ce sourire en réserve pour le pigeon qui te file une pièce. Non, ma puce !

Pas ces pigeons-là ! Les gogos du métro ! Gogo, tu sais ? Laisse béton... Allez, Wafa, répète encore une fois.

– Bonjour, mesdames et messieurs, je suis désolée de vous déranger pendant votre trajet mais si, aujourd'hui, je passe parmi vous, c'est que je n'ai pas le choix. Mon mari m'a abandonnée avec ma petite fille, je ne peux pas trouver de travail parce que je suis sans domicile fixe. Si vous pouvez m'aider avec un Ticket-Restaurant ou une pièce... Dieu vous le rendra...

– Dieu vous le rendra ? Je t'en prie, pas de variante, hein ! Continue.

– Heu... merci de votre attention. Je vous souhaite une bonne journée.

– N'oublie pas que le métro, c'est bruyant. Faut qu'on t'entende. Makeda, fais-moi ta tête toute triste.

– Comme ça ? dit Makeda en roulant des yeux de chien battu.

– Nickel chrome. C'est parti, mon kiki.

On entre dans le ventre de la terre, les filles.

Makeda trouvait que Romuald avait vraiment une drôle de façon de s'exprimer. Mais il était marrant et très gentil. En descendant les marches, les jambes de Wafa vacillèrent. Elle se sentit encore plus mal quand elle comprit qu'ils allaient resquiller pour entrer.

– Je peux acheter des billets, avança-t-elle.

– T'es con ou quoi ?

– C'est du vol, protesta Wafa. Et moi, chuis pas une voleuse !

Romuald vit à son air buté qu'elle n'avait pas l'intention de céder.

– Tu te rends compte que ce putain de billet coûte le prix d'un sandwich ?

– Mais si y a un contrôle ? Je peux pas prendre le risque qu'on me demande mes papiers. Et puis, j'ai une carte de réduction.

Romuald haussa les épaules et la laissa faire. Wafa ne savait pas encore ce que SDF signifiait : Solitude – Désespoir – Faim. La rue allait vite le lui apprendre.

Pour Makeda, le métro c'était Disneyland. Elle promenait un regard ravi sur les affiches et les superbes sièges en plastique moulé. Lorsque la rame entra dans la station, elle émit un « aaaaah » des plus enthousiastes. Elle fut déçue de ne pas y monter. Romuald avait repéré un guitariste chevelu. Inutile de passer derrière lui, les voyageurs avaient un seuil de tolérance assez bas.

Dès qu'elle mit le pied dans le wagon, Wafa sut qu'elle ne pourrait jamais réciter sa leçon. Elle se tourna vers Romuald, qui essaya de l'encourager discrètement. Makeda se planta devant une dame assise sur un strapontin.

– Je vais voir la tour Eiffel, lui dit-elle.

– Tu n'es pas sur la bonne ligne, répondit la dame, gentiment.

– Papa nous a abandonnées, continua Makeda, sereinement.

Puis elle se souvint qu'elle devait faire sa tête toute triste.

– Maman a pas de travail.

Wafa se précipita vers elle et bafouilla des excuses incompréhensibles. Plusieurs personnes avaient jeté un bref regard en direction des deux sœurs. Bien que n'étant pas croyant, Romuald pria le ciel pour que Wafa se décide à embrayer. Elle fit beaucoup mieux : elle se mit à pleurer. Romuald eut alors une idée de génie : il tendit cinquante centimes à Wafa.

– C'est pas grand-chose mais si ça peut vous aider, dit-il, bien fort.

Wafa prit la pièce et remercia entre deux sanglots, les mains jointes sur son front. C'était tout ce qu'elle était capable de faire. Un monsieur en costume fouilla dans sa veste et se délesta d'un euro.

– T'as vu mon cartable, madame ? reprit Makeda. Je peux pas aller à l'école parce qu'on a plus de maison.

– Arrête… murmura Wafa en hoquetant. Excusez-nous.

– T'es belle, madame, déclara Makeda.

La dame, plutôt embarrassée, guettait la station suivante. Elle se leva un peu précipitamment. Au moment de sortir, elle eut un brusque remords. Elle ouvrit son sac, attrapa à la hâte un billet de cinq euros dans une poche intérieure et le glissa dans la paume de Makeda.

– Pour la tour Eiffel, dit-elle avant de disparaître.

*
* *

Effondré sur un des sièges en plastique, Romuald se tordait de rire.

– T'as ça dans le sang, la môme ! On va se faire un max de blé !

Il déchanta assez vite. Makeda n'avait pas l'intention de récidiver. Elle avait son argent pour la tour Eiffel !

– Cinq euros, c'est pas suffisant pour vous

deux, remarqua Romuald. Si tu te contentes de la regarder d'en bas, c'est gratuit.

Wafa, à cet instant, avait d'autres sujets de préoccupation. Elle passait et repassait sa langue sur ses dents.

– Comment tu fais pour te laver? demanda-t-elle soudain.

– Là, j'attends le 15 juillet.

Wafa ouvrit de grands yeux effarés.

– Paris-plage, précisa Romuald. Y a des Brumisateurs sur les quais!

– Tu ne te laves… jamais?

– Oh si… Y a des solutions. Les fontaines Wallace, les bassins des Tuileries. Les refuges, j'aime pas trop… mais on peut se doucher.

– On va me poser des questions, je ne peux pas y aller.

– L'hygiène dans la rue, tu sais… va falloir te faire une raison. Bientôt, tu vas puer, tu vas avoir des poux, des caries, des démangeaisons et peut-être pire.

– Y a des poux à l'école ! s'exclama Makeda. J'en ai jamais attrapé, moi !

– Ça va changer, répondit Romuald, lugubre.

Makeda se tourna vers sa sœur.

– Je veux pas les poux. Je veux rentrer à la maison !

Elle marqua un temps de réflexion puis ajouta :

– Après la tour Eiffel.

Romuald observait le visage de Wafa. Il y lisait beaucoup de sentiments contradictoires mais surtout une grande détresse.

– Faut que tu prennes une décision, petite. Tu assumes ou pas. Je veux pas me mêler de tes affaires. D'ailleurs, ça ne m'intéresse pas. Je ne vais pas veiller sur vous très longtemps. Je suis comme ça, je préfère être seul.

– Pourquoi ?

– J'ai pas forcément envie qu'on me voie quand je vais pas bien.

– Comment t'es arrivé dans la rue ?

– Écoute, moi, je ne veux pas connaître ton histoire. Alors je ne te raconterai pas la mienne. Je peux juste te donner un conseil : pour toi, c'est peut-être pas trop tard. Tu peux encore faire marche arrière. Réfléchis bien.

– Si, pour moi, c'est déjà trop tard…, murmura Wafa en regardant Makeda.

Romuald mit les mains sur ses oreilles.

– Tututu ! Je ne veux rien entendre ! Je te l'ai dit : ça ne m'intéresse pas ! Allez, l'heure avance, on ferait mieux d'aller à la gare de l'Est.

– On prend le train pour chez nous ? espéra Makeda.

– Non, on prend la camionnette pour bouffer, répondit Romuald.

*
* *

Wafa eut très peur devant l'église Saint-Laurent. D'abord parce qu'il y avait beaucoup de monde sur la placette. Mais surtout parce que c'étaient majoritairement des hommes, et pas des plus souriants. Wafa pensa à ces images effrayantes des journaux télévisés. Ils avaient tous l'air de terroristes dans la file. D'ailleurs, ils ne parlaient pas français, ne semblaient même pas le comprendre. Pour la plupart, ils étaient silencieux, le visage fermé, le regard vide. Ils attendaient leur tour sans se préoccuper les uns des autres.

Un vieil ivrogne gueulait en brandissant le poing vers eux. Son discours n'était pas très cohérent mais on y repérait quelques insultes récurrentes, comme «sales bougnoules» et «fils de pute». Le plus étonnant, peut-être, était la totale indifférence des gens, tant dans la queue que dans la camionnette. Les passants prenaient bien soin de faire un détour, quitte à emprunter carrément une rue perpendiculaire.

– Ça ne va pas être facile, dit Romuald. Y sont nombreux devant nous. Des fois, on a rien.

– J’aime pas les « monsieurs », remarqua Makeda.

Wafa pensait la même chose et eut subitement honte. Qu’est-ce qu’elle était, elle, aux yeux des autres ? Comment la voyait-elle, cette femme en tailleur cerise qui descendait du bus ? En fait, elle ne la voyait pas. Wafa faisait désormais partie du décor urbain, comme les poubelles et les bancs publics.

– Les Arabes ? Oh, y sont pas bien méchants…, répondit Romuald.

– Ce ne sont pas des Arabes, dit une voix derrière eux.

Wafa se retourna par réflexe. Elle fut surprise par l’apparence de l’homme, qui, de toute évidence, faisait aussi la queue. Il portait une longue barbe blanche ainsi qu’une impressionnante masse de cheveux embroussaillés. En dépit de ses vêtements loqueteux et de son odeur nauséabonde, il avait belle allure. Il y avait en lui ce qui se faisait rare chez les SDF : la dignité.

– Ce sont des Kurdes, continua-t-il.

– Ben, c'est pareil, les Turcs, rétorqua Romuald.

– Premièrement, c'est Kurdes, pas Turcs. Deuxièmement, je ne crois pas qu'ils apprécient d'être appelés « Arabes ».

– Et peut-être que je m'en fous.

– J'imagine. Bonjour, mesdemoiselles. Permettez-moi de me présenter : Stanislas Vauchelle du Crestois.

– C'est rigolo.

– Makeda ! gourmanda Wafa en la tirant par la main.

– Tu n'as pas tort. Makeda ? Est-ce que tu sais que tu portes le nom de la reine de Saba ?

– Comme la reine d'Angleterre ? demanda Makeda, qui l'avait vue à la télé.

– Pas vraiment… La reine de Saba, elle, n'a peut-être jamais existé.

– Ah, c'est une histoire ! supposa Makeda, déçue.

– Pas n'importe laquelle : la Bible. Vous venez d'Éthiopie ?

– Du métro, dit Makeda.

– On est françaises, répondit Wafa sèchement.

Pas étrangère, pas africaine, pas nègre, pas black, pas noire. Française ! C'était ça, ce qu'elle n'avait jamais eu le courage de crier à ses parents : je ne vous juge pas, je ne vous en veux pas, mais je ne suis pas comme vous, je suis française.

– Je crois que c'est râpé pour la graille, ce soir, bougonna Romuald. Ça devient pus possible, ici. Sont trop nombreux, les Turcs.

Le vieil homme allait répliquer vertement quand il comprit que Romuald se moquait de lui.

– Bon, bah, j'ai plus qu'à me faire un plan « gares », dit Romuald. Je ne peux plus rien pour vous, les filles. Faut vous débrouiller toutes seules, maintenant.

– Mais tu ne vas pas nous laisser déjà ? s'affola Wafa.

– Désolé… Je t'avais prévenue.

Romuald partit à reculons puis, au bout de quelques pas, il pivota sur ses talons et se dirigea vers la gare de l'Est.

– Et la tour Eiffel ? geignit Makeda.

Wafa ne réagissait pas, la tête aussi vide que l'estomac. Stanislas, d'un doigt léger, frappa son épaule.

– Excusez-moi, jeune fille. Il ne sert à rien de rester là.

– Et où voulez-vous qu'on aille ? répondit Wafa, désemparée.

– On peut aller se promener le long du canal, dit Stanislas en souriant. J'ai une ou deux bonnes adresses en réserve pour le dîner…

– Je veux pas encore dormir dans la poubelle, annonça Makeda, fermement.

Puis, brusquement, elle se souvint d'une chose très importante.

– Hé ! C'est mon anniversaire !

Chapitre 7
Le marabout Kibwe

Le marabout Kibwe ne se déplaçait jamais seul lorsqu'il était appelé en consultation. Il venait avec ses quatre filles aînées.

Cali observait, par l'entrebâillement de la porte de sa chambre, l'accueil respectueux réservé à cet hôte de marque. Abdourahim se glissa entre les jambes de son frère pour regarder à son tour.

– Chouette costume ! ricana-t-il.

Le marabout, en effet, portait un magnifique boubou blanc brodé d'or et un curieux couvre-chef en plumes de coq. Abdourahim cessa de rire quand il aperçut les filles qui le suivaient.

– Ouah ! Mignonnes !

– Elles sont un peu vieilles pour toi, non ?

– Je les aime à tous les âges et de toutes les couleurs, répondit Abdourahim.

Cali leva les yeux au ciel. Ça promettait ! Rifki essaya de trouver sa place entre ses deux grands frères. Il voulait savoir à quoi ça ressemblait, un chasseur de fantômes. Sa culture était celle de la télé, pas celle de ses ancêtres. Il n'avait pas très bien saisi la nuance entre esprits et fantômes.

Nawal jaugea le marabout. Il posait, d'entrée, beaucoup trop de questions. Elle décida de le tester.

– Vous êtes un maître de prières ?

Kibwe n'était pas né de la dernière pluie. Il comprit aussitôt que la grand-mère n'allait pas lui faciliter les choses.

– Non, je ne suis pas professeur d'école coranique. Ma médecine est traditionnelle. Je ne mélange pas les versets du Coran avec les vertèbres de rapaces, moi.

Par réflexe, Nawal porta la main au sachet autour de son cou. Kibwe retint un sourire.

– Je ne crois pas qu'il est bon de mêler Allah à mes affaires. Son domaine est dans le ciel. Le mien est sur terre.

Mako attendait le verdict de sa mère. Allait-elle accepter l'aide du marabout ?

– Sans doute qu'on ne fait pas les choses de la même façon au Bénin qu'en Somalie, dit Nawal.

– Oh non, ce n'est pas ça ! répondit Kibwe sur un ton légèrement sarcastique. C'est juste moi ! Maintenant, montrez-moi la malade.

Nawal fit un signe à Youssouf. Elle l'autorisait à amener Halimo.

– Mais… intervint Oumar, c'est pour mes enfants que…

Le regard de Nawal l'empêcha de poursuivre. Avant de se confier à lui, Nawal voulait vérifier les talents du marabout. Halimo servirait d'examen de passage.

Au moment de pénétrer dans le salon, Kibwe tourna la tête. Cali repoussa vivement la porte mais le marabout avait vu les garçons. Cela l'amusa. Ses assistantes déballaient quantité d'objets de leurs sacs : des pots en métal, des bougies, des statuettes en bronze et un fétiche à clous assez effrayant en forme de chien.

– Vous avez de belles filles, remarqua Nawal. Elles vous ont donné beaucoup de petits-enfants ?

Elle fut surprise, presque scandalisée, de voir les jeunes filles éclater de rire.

– Mais on n'est pas mariées ! s'exclama l'une d'elles.

– Et on n'est pas pressées ! ajouta une deuxième tout aussi joyeusement.

Kibwe s'empressa de les faire taire avant qu'elles ne racontent leurs aventures sentimentales. Il se méfiait particulièrement de Fatiah, qui avait la langue bien pendue.

– J'ai besoin d'elles pour le moment, dit-il judicieusement. Leur premier devoir est de s'occuper de moi. Quand leurs sœurs seront suffisamment âgées pour me servir, elles pourront se marier.

– Leurs sœurs ? répéta Oumar. Mais vous avez combien de filles ?

– Douze. Et aucun garçon !

Oumar se sentit vraiment désolé pour lui. Pas un seul fils, quelle malédiction ! Kibwe, étant un sage, se garda bien de mentionner que ses filles lui étaient plus précieuses que tous les trésors du monde. L'arrivée de Halimo et de son mari coupa court à la conversation. Kibwe fronça les sourcils en apercevant le seau que tenait Youssouf.

– Ah, son urine ! fit-il. Hum, bien, bien… L'urine est troublée.

Il examina attentivement le visage creusé de Halimo.

– Hum… le blanc de l'œil est jaune et injecté de sang.

– C'est Zar, murmura Mako.

C'était la première fois que Mako ouvrait

la bouche devant le marabout. Elle ne s'adressait d'ailleurs pas à lui.

– Eh bien, je ne sais pas qui est Zar, répondit Kibwe. Mais ce que je sais, c'est que la patiente souffre d'anémie. Un petit manque de fer, rien de bien méchant. Sémiramis, la préparation numéro quatre. Merci, mon enfant. Voilà, faites infuser les feuilles dans de l'eau chaude et buvez la tisane trois fois par jour pendant une semaine. Et puis mangez du poulet et des légumes verts. En fait..., mangez tout court. Vous êtes sous-alimentée.

– C'est Zar qui la dévore de l'intérieur! s'exclama Nawal. Vous ne comprenez rien!

– Bien sûr que si, rétorqua Kibwe. Nous parlons de la même chose mais nous n'utilisons pas les mêmes mots.

– Si elle mange, c'est Zar qu'elle nourrit! insista Nawal, de plus en plus irritée.

– Ah! fit Kibwe après réflexion. Donc vous affamez cette malheureuse pour ne pas engraisser Zar?

– Zar ne nous parle pas, dit Nawal. Nous n'avons pas d'alaka, ici !

Kibwe avait quelques difficultés à suivre. Ses clients habituels étaient généralement des Sénégalais ou des Maliens. Il connaissait leurs croyances et s'y était adapté, notamment en se faisant appeler marabout. Or il était béninois, guérisseur yoruba et membre de la puissante société secrète ogboni. Il n'était pas non plus musulman mais se gardait bien de le clamer sur les toits.

– Hum... Je pense que votre Zar porte le nom d'Orunmila dans mon pays. Enfin..., c'est Orunmila qui parle pour les Dieux. Je dois pratiquer l'*ifa* pour savoir quel dieu ou quel esprit est en colère. La divination, si vous préférez. Je ne peux pas faire ça ici. C'est une cérémonie confidentielle.

– Ça, je comprends, dit Nawal.

Oumar manifestait des signes d'impatience. C'était bien gentil, leur conversation de spécialistes, mais ça ne résolvait pas son problème !

– Et pour Wafa ? finit-il par demander.

Kibwe fronça les sourcils. Allons bon ! Voilà que ça se compliquait encore !

– Quel genre d'esprit est Wafa ?

– Mais non, c'est ma fille aînée ! Elle a disparu !

– Comment, disparu ? répéta Kibwe, profondément choqué.

– Elle a fait une fugue, dit Oumar.

– Quel âge a-t-elle ?

– Quatorze ans.

– Oh, alors, il y a sûrement une histoire de garçon là-dessous !

– Mais pas du tout ! s'offusqua Oumar. Wafa ne fréquente pas les garçons !

– Moi qui vis avec douze filles, je sais ce dont elles sont capables dès que vous avez le dos tourné !

Sémiramis, Fatiah, Erzulie et Aïzan croisèrent les bras sur leurs jolies poitrines et elles hochèrent la tête en regardant leur père.

– Vous vous trompez, expliqua Youssouf. Wafa est partie avec sa petite sœur.

Mako se mit à gémir en se balançant de gauche à droite. Halimo la prit à part, de crainte que Nawal ne s'en prenne à elle.

– Pourquoi pensez-vous qu'elles se sont enfuies ? intervint Sémiramis, qui trouvait tout ça bien inquiétant.

– Wafa a volé l'argent de la famille, confessa douloureusement Oumar.

Toujours persuadé qu'il y avait « garçon sous roche », Kibwe demanda l'âge de la petite, s'imaginant qu'elle était à peine plus jeune que Wafa. Il fut hautement surpris d'apprendre que Makeda n'avait que six ans.

– Mais ça concerne la police, ça ! s'écria Fatiah.

Kibwe leva la main pour la faire taire.

– Vous n'avez pas de papiers en règle, peut-être ? supposa-t-il.

– J'ai la nationalité française, répondit Oumar.

Oumar en était fier. C'était un sujet de conflit avec sa belle-mère, qui lui reprochait de cracher sur ses origines.

– Qu'attendez-vous de moi ?

– Zar empoisonne l'esprit de Wafa, dit Nawal. Il faut le chasser !

Kibwe ressentit tout d'un coup une grande lassitude. Ce Zar commençait sérieusement à lui échauffer les oreilles. Il tenta une échappatoire.

– Hum… Chasser un dieu à distance, c'est très difficile. Et très cher… Cinq mille euros.

Kibwe lut la stupéfaction sur le visage de ses filles. Jamais leur père ne réclamait de telles sommes !

– Je n'ai pas autant d'argent, protesta Oumar.

– La police, ça ne coûte rien, remarqua Sémiramis.

– C'est notre affaire ! répliqua Nawal en la fusillant du regard.

Comment osait-elle s'immiscer dans leur conversation aussi peu respectueusement ? Ces filles se comportaient mal. Le marabout Kibwe ne valait rien, elles en étaient la preuve.

– Ça suffit, décida Nawal. Allez-vous-en.

Fatiah s'apprêtait à la remettre à sa place lorsque Sémiramis posa la main sur son bras et lui fit signe de remballer tout leur attirail.

– C'est cinquante euros pour le dérangement et la tisane, dit calmement Kibwe.

– Paie, ordonna Nawal à Youssouf.

Celui-ci faillit protester que ce n'était pas à lui de débourser. Bien sûr, il ne se risqua pas à fâcher sa belle-mère. Il n'était pas fou ! Kibwe empocha les billets et ne prononça plus un mot.

*
*   *

– Papa Legba, je suis inquiète pour ces petites qui ont fugué, dit Sémiramis, l'aînée.

– Il se passe quelque chose de bizarre dans cette famille, ajouta Fatiah.

– Elle est méchante, cette vieille femme ! s'écria Aïzan, la plus jeune des quatre.

– Mais, papa Legba, pourquoi n'as-tu pas insisté davantage ? s'enquit Erzulie.

– Parce que je n'aurais rien tiré de plus, répondit Kibwe. On ne peut pas forcer les gens à dévoiler leurs secrets.

– Ah ! s'exclama Fatiah. Alors tu penses comme moi ! Mais quel genre de secrets peuvent-ils bien avoir ?

– Le genre qui fait fuir les enfants, apparemment, supposa Sémiramis.

– Non : celui qui fait fuir les filles, corrigea Kibwe.

Fatiah pila brutalement et pointa un doigt vers son père.

– Papa Legba, toi, tu sais !

– J'en ai une idée, admit Kibwe.

Fatiah agita son doigt d'un air menaçant, ce qui le fit rire.

– Et tu ne vas rien nous dire ?

– Ton papa Legba est un sage, écoute-le, répondit-il. Il y a un temps pour tout : le temps n'est pas venu de parler. Mais il viendra.

À la grande surprise des quatre sœurs, Kibwe se retourna, guettant la rue.

– Mais que fais-tu ? demanda Sémiramis.

– Je patiente… Hum… Le voilà.

Cali avait été envoyé faire les courses. Il l'avait assez mal pris : c'était le travail de Wafa, ça ! Il ralentit en apercevant le petit groupe, facilement reconnaissable, immobilisé au pied des HLM. Il ignorait ce qui s'était réellement passé dans le salon mais Nawal était furieuse. Il l'avait entendue proférer des insultes après le départ du marabout, et même en appeler à la colère du prophète. C'était donc grave. Cali avait peur d'être aperçu en compagnie de quelqu'un maudit par sa grand-mère. Il était aussi dévoré par la curiosité, car il semblait bien que Kibwe attendait qu'il arrive.

Cali observa les alentours pour s'assurer que personne de la famille ne l'avait suivi. Il se redressa pour se grandir un peu. Le marabout Kibwe était gigantesque et imposant en dépit de sa maigreur. Et puis, il y avait les jolies demoiselles…

– Quel est ton nom? demanda Kibwe en guise de salutation.

– Cali… Monsieur… Monsieur le marabout.

– Je ne suis pas marabout, répliqua Kibwe. Je suis guérisseur yoruba mais les gens d'ici ne savent pas ce que c'est. Je connais les plantes qui soignent et les esprits me guident car je les respecte et les honore. Et je conseille aux malades de voir un médecin si je pense que je ne peux pas les aider. C'est la différence entre les marabouts et moi: je suis honnête. Sémiramis, donne-lui la carte.

Sémiramis sortit un bristol de son sac et le tendit à Cali. Dessus, il y avait son adresse écrite en lettres vertes, rouges et jaunes, les couleurs du drapeau du Bénin. Kibwe ne prenait pas beaucoup de risques avec ça, car le Sénégal, le Mali et d'autres pays africains utilisaient exactement les mêmes couleurs.

– Garde-la précieusement. Tu en auras besoin.

– Pourquoi ? demanda Cali, abasourdi.

Kibwe posa la main sur son épaule et le regarda longuement.

– Tu vois mon chapeau ? Est-ce que tu ne le trouves pas ridicule ?

Cali n'osa pas répondre. Abdourahim, lui, n'aurait pas hésité.

– Eh bien, je ne crains pas d'avoir l'air ridicule. Parce que je sais qui je suis. Et je l'assume. Et toi, sais-tu qui tu es ?

Cali pensa qu'il n'était qu'un gamin de treize ans, dépassé par les événements et qui se sentait bien seul.

– Je lis ton destin dans tes yeux. Voilà ce que j'y vois : bientôt, tu auras l'impression d'être coupé en deux. Tu devras faire un choix. Ce sera très difficile.

– Je ne comprends rien… bafouilla Cali.

– Il t'appartient de décider quel homme tu seras. Personne ne peut ni ne doit le faire pour toi. Tu es encore petit par la taille. Mais dans ton corps, il y a une grande âme.

Subitement, des larmes coulèrent sur les joues de Kibwe. Sa main se serra sur l'épaule de Cali.

– Elle est grande et elle est belle, ton âme, mon garçon… écoute-la.

Kibwe relâcha sa pression, signala à ses filles qu'il était temps de partir. Kibwe fit quelques pas et se retourna juste pour dire :

– Tu te trompes : tu n'es pas seul.

L'épaule de Cali brûlait. Étrangement, cela faisait du bien.

8
Stanislas

Wafa fut étonnée par la sérénité du canal. Jusqu'à présent, elle n'avait vu de Paris que le bruit et la foule. Ici, malgré la circulation, tout lui semblait paisible sous les arbres verts.

– Tu pues, dit Makeda à Stanislas.

– C'est exprès, répondit-il. J'aime puer.

– Pourquoi ? demanda la petite fille.

– Pourquoi pas ? Ce qui sent mauvais, c'est la société pourrie.

– Ça veut dire quoi ?

– Makeda, arrête de poser des questions.

– Non, non ! Elle a raison ! Le monde ne se pose pas assez de questions, c'est pour ça qu'il va de travers. Je vais t'expliquer : je suis né, il y a très, très longtemps dans une famille d'aristos qui se croyaient supérieurs aux autres. Eh bien, moi, quand je suis devenu un adulte, je leur ai dit merde. Merde à la société. Les gens qui vivent dans la rue, les SDF, comme on les appelle poliment maintenant, ils n'ont pas choisi d'y être. Moi si. Je ne veux pas travailler, je ne veux pas payer d'impôts, je ne veux pas de domicile fixe, je ne veux pas voter ni regarder la télévision. Je ne suis pas SDF mais clochard ! Je suis un vieil anarchiste, pas une personne du troisième âge sénile. Je suis totalement libre !

Stanislas parlait tout en fouillant dans un sac-poubelle. Makeda n'avait pas compris grand-chose et Wafa pas beaucoup plus.

– Mais en hiver, t'as pas froid ?

– Évidemment que j'ai froid. La liberté me tient chaud au cœur. Peuh..., rien d'intéressant dans les poubelles, de nos jours. Bien, bien... Voici un de mes établissements préférés.

Stanislas leur indiqua la terrasse d'un café où

les consommateurs étaient nombreux. Il se racla la gorge, prit une grande inspiration et se lança :

– Mesdames et messieurs, pour agrémenter votre soirée, je vais vous déclamer une poésie de ma composition. Ahem :

« Demain, dès l'aube, à l'heure où blanchit la campagne,
Je partirai. Vois-tu, je sais que tu m'attends.
J'irai par la forêt, j'irai par la montagne,
Je ne puis demeurer loin de toi plus longtemps. »

Un jeune homme attablé éclata de rire :

– Hé ! Ce n'est pas de vous, ça ! C'est du Victor Hugo !

L'œil de Stanislas pétilla.

– Ah, bravo ! Nous avons un heureux gagnant ! Qu'il est plaisant de constater que la culture n'a pas été encore complètement anéantie par la bêtise télévisuelle ! Voyons s'il y a d'autres brillants candidats :

« Midi, Roi des étés, épandu sur la plaine,
Tombe en nappes d'argent des hauteurs du ciel bleu... »

– Leconte de Lisle.

– Vous m'impressionnez, complimenta Stanislas. Mais vous ne laissez aucune chance aux autres !

– À mon tour, répondit le jeune homme. Et nous verrons lequel de nous deux est le plus fort à ce jeu-là. Alors, alors… Oui, ça :

« Votre âme est un paysage choisi
Que vont charmant masques et bergamasques,
Jouant du luth, et dansant, et quasi
Tristes sous leurs déguisements fantasques. »

– Vous êtes costaud, je l'admets. Mais… Verlaine, cher érudit !

– Chapeau bas. Ce n'était pas facile !

– Ma culture est aussi grande que mes poches sont vides.

Le jeune homme rit à nouveau et posa un billet de dix euros sur la table de bistro.

– Un dernier. Et si vous trouvez, je vous le donne… Attention… :

« Le trépas vient tout guérir ;
Mais ne bougeons d'où nous sommes :

Plutôt souffrir que mourir, c'est la devise des hommes. »

– Diantre ! Je m'incline devant votre immense savoir poétique !

– Ben... J'ai un doctorat de lettres, avoua le jeune homme. Bon, je vous concède un indice, mais je vous enlève cinq euros.

Stanislas leva aussitôt la main.

– Une seconde ! Je n'ai pas encore déclaré forfait ! Mmm... plutôt souffrir que mourir...

Stanislas regarda Makeda et cligna de l'œil.

– La Fontaine, cher ami ! Honnêtement, pas un de mes préférés...

Stanislas empocha les dix euros et récolta même quelques pièces supplémentaires de consommateurs amusés.

– Ils parlent tous bizarre à Paris, dit Makeda.

*
* *

Le doux bruissement de l'eau s'écoulant des écluses berçait Makeda, rassasiée par un gros sandwich et un croissant. Wafa contemplait le vert sombre du canal.

– Nous avons eu beaucoup de bol, remarqua Stanislas. C'est vraiment rare de rencontrer un quidam qui connaisse aussi bien la poésie ! Et qui est généreux, ce qui ne gâte rien…

– Comment vous pouvez vivre comme ça ? demanda Wafa.

– Je l'ai choisi, répondit Stanislas. C'est toute la différence ! Je suis comme ces vieux rats des villes. Increvable ! Vous deux, vous avez l'air d'oisillons tombés du nid.

– Je ne suis pas d'accord avec votre poète. Il vaut mieux mourir que souffrir.

Stanislas fronça les sourcils. Ce petit oiseau-là portait trop de douleur.

– À ton âge, on ne devrait pas penser des choses pareilles.

– Ce n'est pas ma faute.

– Je m'en doute ! Mais sais-tu que tu peux trouver de l'aide ici ? Il y a la Croix-Rouge, l'Armée du Salut, des tas d'organismes… heu… pour, par exemple, les enfants battus.

Wafa resta silencieuse et Stanislas crut avoir bien deviné.

– Je t'assure. Tu peux même aller à la police.

– La police me renverrait chez moi ! s'écria Wafa.

– Mais non ! Si ton… heu, ton père te fait du mal, ils te protégeront, au contraire !

– Mon papa ne m'a jamais rien fait, répondit Wafa. Mes parents sont gentils.

Stanislas se gratta la tête, dérangeant quelques poux.

– Ben, alors, pourquoi ne veux-tu pas rentrer chez toi ?

– Ce n'est pas moi qui compte…, murmura Wafa en ravalant ses larmes.

Elle caressa la joue de Makeda, endormie sur ses genoux. Stanislas lui donna un petit coup de coude et lui tendit sa bouteille de gros rouge.

– Ça fait du bien par où ça passe.

– Non, merci. Je ne bois pas d'alcool.

Stanislas n'insista pas. Il était fermement décidé à se soûler en regardant les voitures circuler sur le pont mobile. Wafa était épuisée mais ne pouvait pas dormir. Elle ouvrit son sac et prit son livre de maths et son classeur. Puis elle se mit à faire des exercices pour s'occuper.

– Tu ferais mieux d'apprendre la poésie, remarqua Stanislas.

– J'aime bien les chiffres, répondit Wafa. Ce n'est pas comme les mots : il n'y a pas de...

Wafa ne savait pas comment s'exprimer. En fait, oui, c'était exactement ça ! Les chiffres ne s'exprimaient pas. On les comprenait ou non mais ils existaient de toute façon.

– Il n'y a pas de sentiments, compléta Stanislas après une rasade de mauvais vin. C'est pour cette raison que, moi, je ne les ai jamais aimés ! Ah, mais donnez-moi du Baudelaire et je pleure ! *Enivrez-vous sans cesse ! De vin, de poésie ou de vertu, à votre guise.* J'ai choisi les deux premiers... Toi, c'est la vertu ?

Stanislas entendit rire Wafa pour la première fois.

– Ce n'est pas un choix, ça ! dit-elle. On ne m'a jamais demandé mon avis pour quoi que ce soit.

– Tu as pourtant décidé de t'enfuir, n'est-ce pas ?

Wafa haussa les épaules. La fuite n'était que l'aveu de son impuissance.

– Je n'ai aucune idée de ce que je dois faire. Voilà la vérité.

– Si tu m'expliquais ton problème ?

– Ce n'est pas mon problème, c'est ça... le problème. Si je parlais, je ferais beaucoup de mal à toute ma famille. Je dois protéger mes petits frères. Ils ne risquent rien si je continue de me taire.

– Et si tu pensais à toi au lieu de te préoccuper des autres ?

– Mais si je ne le fais pas, qui va le faire? répondit Wafa.

– Tu ne crois pas que c'est le boulot de tes parents, ça?

Wafa eut un petit ricanement désabusé. Le paradoxe était là: ses parents n'étaient pas en faute et pourtant ils étaient en tort! Personne ne pouvait comprendre.

– Le silence tue beaucoup de gens, dit Stanislas.

*
* *

Wafa fut réveillée par des hurlements. Il faisait nuit sur le canal. À la lueur des réverbères, Wafa vit que Stanislas n'était plus à ses côtés. Elle déplaça Makeda et se leva. Dissimulée par la pile de pont, elle s'aventura à regarder.

Stanislas, ivre et vociférant, jouait au torero avec les rares voitures qui circulaient à cette heure tardive. Un taxi fit une embardée en klaxonnant longuement. Quelqu'un gueula par la fenêtre d'un deuxième étage qu'il avait appelé les flics. Wafa eut peur pour Stanislas. Elle courut vers lui, espérant le ramener à la raison ou, à défaut, sur le trottoir. Mais il ne semblait ni l'entendre ni la reconnaître. Où donc était passé le monsieur digne et érudit que Wafa avait rencontré ? Elle avait devant elle un vieux soûlard aux yeux de fou, agressif et incohérent.

Wafa aperçut les lumières clignotantes d'un véhicule de police au bout du quai. Elle se précipita sous le pont pour se cacher. Accroupie dans l'ombre, elle vit quatre policiers aborder prudemment Stanislas. Ils essayaient de le calmer en lui parlant. Malheureusement, Stanislas répondait par des gestes violents et les pires insultes. Il fut brusquement ceinturé par-derrière, jeté sur la chaussée et menotté. Un des policiers se pencha vers lui et l'aida à se relever en évitant les coups de pied rageurs.

– T'as encore bu un peu trop.

– *Omnia vincit amor !**

– C'est ça, Stanislas. Allez viens, on va t'offrir un café et un petit roupillon en cellule.

– *Omnia vincit amor !*

Le policier suivit le regard de Stanislas qui fixait le pont. Wafa se recroquevilla contre la pierre.

– Ça veut dire quoi, ça, mon pote ?

Stanislas s'immobilisa soudain et se redressa.

– Virgile, le poète, mon pote. Mais ce n'est pas à toi que je m'adresse, c'est à la petite.

Comme ils ne pouvaient pas voir Wafa, les policiers crurent à un discours d'ivrogne. Avant d'être embarqué dans la voiture, Stanislas cria à nouveau de toutes ses forces :

– *OMNIA VINCIT AMOR !* L'AMOUR TRIOMPHE DE TOUT !

* « L'amour triomphe de tout » (Virgile, poète latin né vers 70 et mort en 19 avant Jésus-Christ).

9
LE CADEAU D'ANNIVERSAIRE

Wafa regardait l'eau verte du canal et songeait à s'y jeter. En finir serait tellement plus simple. Qu'est-ce qui la retenait à la vie ? Ce petit être encore endormi, la tête posée sur un cartable en plastique rose. Wafa savait que Stanislas avait raison : oui, elle pouvait demander de l'aide. On l'écouterait sûrement. Mais il faudrait parler et elle n'ignorait pas les conséquences qui en découleraient. Elle devait se débrouiller autrement. Il y avait des avantages à être en France, il y avait aussi des inconvénients. Personne ne donnerait du travail à une fille de quatorze ans. Trop de lois, trop de contraintes administratives et beaucoup, beaucoup trop de questions ! En Somalie, cela aurait été plus facile. Sauf qu'il n'y avait pas de boulot ! Et les risques étaient grands de mourir de faim. Dans la rue, à Paris, n'était-ce pas la même chose ? Elle pouvait retourner le problème dans tous les sens, elle ne voyait toujours pas de solution.

Makeda s'étira et bâilla, puis elle s'assit.

– Oh, flûte... on est encore là... je veux rentrer à la maison, maintenant !

Wafa couvrit ses yeux avec les mains. Comment expliquer à Makeda ?

– Viens, on va chercher la tour Eiffel.

– Vrai ? Chouette !

Wafa se fit indiquer la station de métro la plus proche. Elle fut effarée par le nombre de SDF aux abords de la place de la République. Un homme pieds nus mais habillé de crasse se tenait au milieu du trottoir. Il ne manifestait aucune agressivité particulière, ce qui n'en était que plus dérangeant. Il semblait absent, une coquille vide et répugnante. Aux endroits stratégiques, les Roumains avaient placé leurs meilleurs éléments : les vieux. Ils marmonnaient des supplications en se balançant, les mains jointes sur le front. Sans doute la source d'inspiration de Romuald... Sûr qu'il y avait de la concurrence !

– Où il est, le monsieur qui pue ? demanda Makeda.

– Stanislas ? Il est parti.

– C'est pas marrant, ici. Les amis s'en vont tout le temps !

– Parce que ce ne sont pas des amis, répondit Wafa. Juste des gens.

Dans le métro, Wafa s'informa sur la direction à prendre. Elle acheta deux tickets car elle ne voulait toujours pas resquiller. Par chance, la ligne était directe. Makeda était heureuse de retourner dans le petit train. Mais elle précisa bien qu'elle ne voulait pas faire sa tête toute triste encore une fois. Elle s'amusa avec les strapontins pendant le trajet. C'était follement rigolo, ces sièges qui se referment en faisant bang ! Un monsieur se leva d'un air fâché pour changer de place. Il ne trouvait pas drôle de recevoir le bang ! dans le dos.

Makeda poussa un hurlement de joie en sortant de la station. De l'autre côté des jardins du Trocadéro s'élançait la pointe de la tour Eiffel. Dès l'avenue traversée, elle se mit à courir. Wafa avait du mal à la suivre. Makeda s'arrêta sur le pont, les yeux brillants.

– Je veux monter, je veux monter !

Wafa n'avait pas imaginé qu'elle serait à ce point impressionnée. Les quatre pieds de la tour étaient tellement énormes qu'elle se sentait presque oppressée. Makeda la tirait par la manche. Elle avait repéré la file des visiteurs devant les guichets. Wafa savait qu'elle ne devait pas dépenser le peu d'argent qu'elle possédait.

– C'est mon plus beau cadeau d'anniversaire ! s'écria Makeda.

Le cœur de Wafa flancha. Elle ne pouvait

pas dire non. Il se passa alors un événement inattendu. Les deux sœurs furent prises dans la bousculade causée par un déferlement de touristes italiens gesticulants et braillards. Sans comprendre comment, elles se retrouvèrent coincées dans le groupe et catapultées à l'intérieur d'un ascenseur. Wafa voulut ressortir puis brusquement en abandonna l'idée. Après tout, elle ne l'avait pas fait exprès, autant en profiter ! Même si elle avait un peu honte, elle qui se targuait de ne pas être une voleuse. Mais elle avait bel et bien volé l'argent dans le pot de farine. Cela pesait lourdement sur sa conscience. Makeda râla qu'elle ne voyait rien, écrasée contre la poitrine d'une mamma napolitaine. Sa frustration fut de courte durée. L'arrivée à l'étage la libéra. Le guide qui accompagnait le groupe la regarda se précipiter vers la rambarde, le sourcil interrogateur.

Makeda trépignait de bonheur.

– Quand je vais raconter ça à Rifki ! Il va être vert !

L'évocation de son petit frère fendit l'âme de Wafa. Elle se détourna pour laisser le vent des hauteurs lui sécher les yeux. Makeda indiqua le restaurant et déclara vouloir y manger. Par chance, il n'était pas encore ouvert. Les prix n'étaient même pas abordables pour des gens normaux. Et puis quel restaurateur leur permettrait d'entrer ? Wafa sentait sa propre sueur et sa mauvaise haleine. Pour l'instant, ses cheveux n'étaient pas encore trop sales. Elle n'avait pas de miroir mais elle se doutait qu'elle était de plus en plus décoiffée. Elle regretta de ne pas avoir de nattes collées comme Fatou. Du coup, elle lissa ses mèches et remit en place ses multiples barrettes. Elle voulut refaire les deux tresses de Makeda mais essuya un refus. Makeda était pressée de monter à l'étage supérieur. Elle insista pour emprunter les escaliers. Elle était sur la tour Eiffel et elle avait bien l'intention de savourer chaque seconde ! Makeda passait les plus beaux moments de sa vie, sous le soleil de

Paris. Son enthousiasme avait même gagné Wafa, réjouie de la voir aussi radieuse.

Plus dure en fut la chute.

*
* *

Cali, quant à lui, ne passait pas le meilleur moment de sa vie. Il était dans le salon, assis à la table, coincé entre ses parents et sa grand-mère.

– Eh bien, écris ! le houspilla Nawal.

– Mais quoi ? bougonna Cali.

– Ce qu'on vient de te dire !

– C'est pas facile ! protesta Cali. Et pis, c'est un mensonge !

Il se prit une gifle sur le haut du crâne. Il aurait dû se méfier. Il enleva le capuchon du stylo et eut envie d'écrire n'importe quelle bêtise, et pourquoi pas la vérité, sur la feuille de papier. De toute façon, les adultes autour de lui ne savaient pas lire !

– C'est un maître ou une maîtresse ? demanda-t-il.

Consternation. Seule Wafa avait été à l'école maternelle. On appela Rifki, qui répondit que Makeda avait une institutrice pour avoir la paix. En réalité, il l'ignorait lui aussi.

– «Madame… Je vous informe que notre fille Makeda Beila est…»

Cali suçota le bout du stylo, à la recherche de l'inspiration.

– «Malade», dit Oumar. C'est pas compliqué, ça!

– C'est pas assez précis, rétorqua Cali. Ça fait pas vrai.

«Et pour cause», pensa-t-il sans oser le formuler à voix haute.

– «Notre fille a une gastro.» Voilà. Là, on y croit. Mais ça ne suffit pas. Hum… «Le docteur dit que c'est très grave.»

– Là, on n'y croit pas, répondit Oumar en haussant les épaules. Mets plutôt: «Il faut qu'elle reste au lit quelques jours.» Bon. Tu fais la même lettre pour le collège.

– Et si elles ne reviennent jamais ? s'écria soudain Cali. Vous allez dire quoi ?

Re-baffe. Cali fit un bond et sa chaise se renversa.

– Y a marre ! hurla-t-il. J'ai pus l'âge de recevoir des claques pour un oui ou pour un non ! Je l'écrirai pas, votre lettre pleine de menteries ! Et pis d'abord, je veux qu'on prévienne la police !

À l'autre bout du couloir, Rifki et Abdourahim écoutaient, cachés derrière leur porte entrouverte.

– Assis ! ordonna Oumar. Tu feras ce qu'on te dit ! Nawal, arrête de lui taper dessus.

C'était bien la première fois que Cali entendait son père parler à Nawal sur ce ton. Il fut très surpris du manque de réaction de la grand-mère. Mais, à n'en pas douter, les représailles viendraient plus tard. Et ça serait sûrement pour Cali…

– Je comprends pas, murmura Cali,

presque au bord des larmes. Pourquoi on cherche pas Wafa ?

– Elles vont revenir, affirma Mako. C'est forcé.

Cali trouvait sa mère d'une naïveté tragique. Elle était elle-même une fille soumise et une épouse obéissante. Elle ne pouvait pas imaginer un instant que Wafa ne rentre pas à la maison. Mako vivait toujours dans son monde, celui de ses ancêtres et de ses traditions. L'idée que ses enfants puissent avoir des désirs différents des siens ne lui avait jamais traversé l'esprit. Mais l'esprit de Mako était très étroit, emprisonné dans des certitudes d'un autre âge et d'un autre lieu.

– Eh ben, moi, je suis sûr que non, répondit Cali.

– Personne ne te demande ton avis, grogna Nawal.

Cali regarda son père et vit à son expression sévère qu'il n'avait pas intérêt à insister. Il releva sa chaise tombée. Il reprit son stylo, gribouilla sur la feuille des mots illisibles, seule petite vengeance à sa portée. Quand il eut fini les lettres, Oumar le renvoya dans sa chambre. Il y fut accueilli par deux frères admiratifs.

– Tu lui as cloué le bec, à la vieille! ricana doucement Abdourahim.

– Ouais, et elle va te le faire payer cher, constata Rifki.

– Ouais, et pis peut-être que je ne vais pas me laisser faire, fanfaronna Cali. J'ai treize ans, chuis pus un bébé.

– T'as raison, acquiesça Abdourahim. Nawal, elle est plus petite que moi. Y a marre de se ramasser des coups de la part de cette naine!

– Mais elle lance des mauvais sorts, remarqua Rifki, un peu inquiet.

– C'est des conneries. Moi, si je veux, je l'envoie chier, la vieille.

– T'oserais pas! se moqua Rifki.

– Si, si je veux!

– Oh, taisez-vous… les pria Cali.

Il se pelotonna sur son lit. Il se sentait très fatigué. Abdourahim s'installa à côté de lui.

– Qu'est-ce qu'on va faire ? lui demanda-t-il.

– Pourquoi on doit faire quelque chose ? s'étonna Rifki.

Abdourahim ne se donna pas la peine de lui expliquer. Rifki était trop jeune pour comprendre à quel point la situation était grave. Cali resta silencieux. Il songeait au marabout Kibwe. Cali voulait bien écouter son âme. Il y avait juste un problème : elle ne lui disait rien.

*
* *

Makeda ne voulait plus partir. Wafa n'objecta pas. Elles étaient mieux là qu'ailleurs. Le nombre des visiteurs s'était accru. Le guide des touristes italiens discutait avec un agent de sécurité. Wafa ne remarqua pas qu'ils regardaient fréquemment dans sa direction. Finalement, l'agent acquiesça. Les Italiens reprirent le chemin des ascenseurs, très préoccupés par l'heure du déjeuner.

– Bonjour, mademoiselle. Puis-je voir votre billet ?

Wafa eut l'impression de se liquéfier sur place. Elle n'arrivait même pas à prononcer un mot. Makeda tendit son ticket de métro à l'agent.

– Tu peux voir mais tu me le rends, dit-elle.

– Ce n'est pas celui-là que je veux...

– Je l'ai jeté ! répondit Wafa, brusquement inspirée. Je ne savais pas qu'il fallait le garder !

Makeda comprit que quelque chose ne tournait pas rond et pensa plus judicieux de faire sa tête toute triste.

– Maman a pas de travail. Et je peux pas aller à l'école parce qu'on n'a pus de maison. T'as vu mon cartable ?

– D'accord... dit l'agent très lentement.

Je crois que ça n'est pas de mon ressort. Je vais être gentil, ce coup-ci. Mais je vous demande de quitter la tour tout de suite.

– Non, t'es pas gentil, grommela Makeda entre ses dents.

Wafa ne répondit pas et empoigna sa sœur pour filer au plus vite. Elle ne vit pas l'agent appeler de son portable.

Trois policiers les guettaient à la sortie des ascenseurs. Ils n'étaient pas là parce que Wafa avait resquillé mais à cause des pickpockets qui sévissaient dans la tour Eiffel. Pour l'agent de sécurité, surtout, les deux gamines étaient des professionnelles de la manche. Et particulièrement effrontées, d'après lui (il n'avait pas digéré le « t'es pas gentil »). D'habitude, les flics recevaient des plaintes au sujet d'enfants de type manouche, qui s'avéraient généralement être des Roumains. C'était la première fois qu'on leur parlait de fillettes africaines, mais bon…, il y a malheureusement un début à tout.

10

C'EST QUOI, UN FRANÇAIS ?

Les policiers furent un brin décontenancés en trouvant des livres de maths dans le sac de Wafa. Ils s'attendaient plutôt à découvrir des portefeuilles de touristes japonais. Wafa se sentait terriblement honteuse, affreusement sale, abominablement puante.

Makeda était un peu étonnée que ces messieurs en uniforme s'intéressent autant au contenu de son cartable.

– T'as vu mon beau collage ? finit-elle par dire. C'est des gommettes.

L'agent n'était pas particulièrement sensible à l'art.

– Bon, tes papiers, toi ?

Wafa fit non de la tête.

– C'est quoi, ça ? T'as pas de papiers ?

Wafa déglutit péniblement et baissa la tête pour dissimuler sa mauvaise haleine. Elle répondit dans un souffle que sa carte d'identité était restée à la maison. C'était faux : elle était dans sa poche.

– Ouais, c'est ça… ricana un des policiers.

– C'est quoi, ton adresse ?

– Ga… gare de l'Est.

– C'est pas une adresse, ça, la gare de l'Est !

– Sur le quai…

– Sur le quai de la gare ?

– Non… Le quai du canal.

Wafa cherchait désespérément le nom du quai. Elle était au bord du malaise et luttait pour ne pas perdre pied.

– C'est mon anniversaire, dit Makeda. C'est la tour Eiffel, mon cadeau !

Un des policiers, peut-être un peu plus observateur que ses collègues, remarqua ses vêtements chiffonnés et ses tresses à moitié défaites. Il essaya la méthode du gentil plutôt que celle du méchant flic.

– T'en as de la chance ! Et tes parents, ils ne sont pas venus avec toi ?

– Ils travaillent ! s'empressa de répondre Wafa.

– Le dimanche ?

– Maman a pas de travail, papa nous a…

Wafa secoua la main de Makeda pour la faire taire.

– Maman est à la maison pour s'occuper de mes petits frères. Papa…, il aide mon oncle pour… pour repeindre sa cuisine.

Makeda regarda sa grande sœur. Depuis qu'elle était à Paris, elle avait vécu beaucoup de choses assez bizarres. Mais de voir Wafa mentir, c'était vraiment déroutant.

– Tu peux m'expliquer pourquoi tu trimballes tes affaires de classe un dimanche ?

– Parce que… parce que je vais étudier chez mes cousins, cet après-midi.

Les agents commençaient à manifester des signes d'impatience. Ils avaient mieux à faire. Mais le gentil flic eut soudain une illumination en apercevant le livre que son collègue remettait dans le sac de Wafa. Il s'en empara et l'ouvrit.

– Et tu ne te souviens toujours pas de ton adresse ? demanda-t-il, le doigt sur l'étiquette collée à l'intérieur.

– On vient de déménager. J'arrive pas à retenir le nom du quai.

– Cherbourg ? dit un autre policier. Vous venez de Cherbourg ?

– On a pris le train, dit Makeda. J'aime bien le train mais j'aime pas dormir dans la poubelle.

Le sang quitta le visage de Wafa. Elle vacilla et tomba dans les bras du gentil flic. Surpris, il la rattrapa et la remit d'aplomb.

– Holà ! Tu m'entends, petite ? Ça va ? Bon, je crois que vous avez des choses à nous raconter, vous deux.

Wafa se mit à pleurer à chaudes larmes. Contre toute attente, les quatre policiers se laissèrent attendrir.

– Ne t'inquiète pas. Ça va aller… Je suis sûr que vous n'avez rien fait de bien grave. Ça va s'arranger. Mais il faut nous dire la vérité, maintenant, d'accord ?

Wafa dit « d'accord » et lui expliqua que le rêve de Makeda était de voir la tour Eiffel mais que papa ne voulait pas. Alors, pour l'anniversaire de sa sœur, elle avait volé l'argent dans le pot de farine pour l'emmener à Paris.

– Ces mômes, y z'ont de ces idées ! soupira un des policiers.

*
* *

Makeda trouvait le poste de police « super trop bien, surtout les frites ». L'enthousiasme de Wafa était nettement plus modéré. Elle répéta l'histoire de la tour Eiffel à plusieurs personnes dont elle ignorait le rôle. Au moins, en s'en tenant à cette version, elle ne risquait pas d'être contredite par Makeda. Une femme qui ne portait pas d'uniforme vint s'asseoir près de Wafa.

– Bonjour. Je suis le lieutenant Sandre. Je viens d'avoir la gendarmerie de Cherbourg au téléphone. Il semblerait que vos parents n'aient pas signalé votre disparition. Plutôt curieux, au bout de deux jours!

Wafa fit une réponse qui la plongea dans la honte.

– Ma famille vient de Somalie, madame. Mes parents, ils n'ont pas d'éducation. Dans leur pays, on s'adresse aux membres de la tribu pour régler les problèmes. Mon père, il ne sait pas comment faire en France.

– Mouais..., dit le lieutenant, peu convaincue. Enfin, bon, les gendarmes vont prévenir vos parents.

– Et qu'est-ce que... qu'est-ce qui va se passer?

– Il faudra que votre père vienne vous

chercher. On n'a pas que ça à faire, nous. Vous allez suivre Jeannette, notre assistante sociale. Elle va vous conduire dans un foyer en attendant. Dès qu'on aura des informations, j'appellerai là-bas.

Le visage sévère du lieutenant Sandre s'éclaira, finalement, d'un sourire.

– Vous pourrez partir dès que la petite aura terminé sa quatrième portion de frites !

Dans l'esprit de Wafa, un foyer était une sorte de hall de gare en moins accueillant. Elle fut très surprise en découvrant un petit immeuble divisé en studios, dont le rez-de-chaussée était réservé aux salles communes. L'assistante sociale lui expliqua que le lieu était occupé essentiellement par de très jeunes mères avec un enfant. Leur arrivée fut saluée par un « y a pus de place ! » tonitruant, qui ne sembla guère perturber Jeannette.

– C'est, au plus, pour une nuit, répondit celle-ci. Wafa, Makeda, je vous présente Madame Grande Gueule.

– Tu sais ce qu'elle te dit, la grande gueule ?

Makeda se cacha derrière sa sœur, effrayée. L'imposante femme en boubou chamarré, les poings sur ses amples hanches, remplissait tout l'encadrement de la porte.

– Qu'est-ce' c'est, ces petites choses ?

– Leur papa va venir les récupérer, demain au plus tard. Juré. Tu vas bien réussir à me les caser quelque part, Aïssata ?

– Et voilà ! Toujours le même refrain ! La dernière qui devait pas rester, promis juré ! ça fait trois semaines qu'elle est là !

– Non mais je t'assure, ce n'est pas du tout pareil.

Aïssata pencha en avant tout le buste jusqu'à regarder Jeannette sous le nez.

– T'as intérêt à tenir parole, dit-elle d'un ton menaçant.

Puis elle se redressa, éclata de rire et flanqua une bourrade sur les épaules plutôt frêles de l'assistante sociale.

– Allez ! Je dois bien avoir un lit pliant dans un coin ! Amenez-vous, les petites choses.

Jeannette posa la main sur l'épaule de Wafa pour la rassurer.

– Ne t'inquiète pas. Vous serez très bien, ici. Au revoir, Makeda.

Les deux sœurs furent invitées à entrer dans le salon. Assise dans le canapé, une jeune fille donnait le biberon à un bébé, les yeux rivés sur la télé. Elle ne tourna même pas la tête. Une autre, dont l'enfant dormait dans les bras, fit carrément la grimace en les voyant.

– Oh, putain ! Encore des Sénégalaises !

– Je t'emmerde, fit une voix sortie de derrière le canapé.

Wafa aperçut une troisième fille, à genoux sur la moquette, en train de changer la couche de son bébé.

– Elles sont mignonnes, non ? remarqua Aïssata en rigolant. Voilà Cindy, Josépha et Camille.

– Je ne suis pas sénégalaise, dit Wafa.

– Pour Cindy, tous les Noirs sont sénégalais, répondit Aïssata. Comme les tirailleurs du même nom ! Tu sais ? Les tirailleurs sénégalais ? Les cinquante mille pauvres Nègres qui sont morts pour la France ? Qui n'étaient pas sénégalais pour la plupart, au fait... Moi, mon père, il était dans la 2e division blindée du maréchal Leclerc. Il a même été décoré. Sur la médaille, il y a écrit : « La France n'oublie pas les services rendus à la France. » Elle a juste oublié sa pension d'ancien combattant !

– Tu viens d'où ? demanda Josépha, la fille sur la moquette.

– Je suis française, murmura Wafa.

– T'as vu ta tronche ? lança Cindy. Noire de chez Noire !

Aïssata s'installa dans un fauteuil et prit Makeda sur ses genoux.

– Mon père, il disait : « Dans mon cœur, je me sens plus français que les Français » et il pleurait devant le drapeau tricolore.

– Alors, il était sacrément con, rétorqua Josépha.

– Non, c'était un guerrier mossi, il était fier. Il a libéré Paris avec le maréchal Leclerc ! Lui qui vivait tout nu sur les plateaux mais apprenait « Mes ancêtres les Gaulois » !

– Mossi ? répéta Wafa.

– Je suis de l'ethnie mossi. Je viens du Burkina, si tu préfères. Du temps de mon père, ça s'appelait la Haute-Volta.

Le bébé de Camille se mit à chouiner dès la fin de son biberon. Sa jeune mère le souleva sous les bras et le secoua vaguement.

– Camille ! s'écria Aïssata. Arrête ça, voyons !

– Ben quoi ? Faut qu'y fasse son rot, ce chieur !

– Mais pas comme ça..., s'inquiéta Wafa. Donne-le-moi. J'ai quatre frères et sœur, j'ai l'habitude.

Camille s'empressa de se débarrasser de son fils et continua de regarder la télé. Tendrement, Wafa posa le petit corps contre le sien et lui tapota tout doucement le dos. Un jour, pensa-t-elle, elle aurait des enfants. Elle en avait envie, mais pas tout de suite. Elle voulait choisir sa vie, choisir son mari et choisir combien d'enfants elle aurait. Elle était donc farouchement déterminée à ne pas épouser un Somalien. Fatou était le modèle de Wafa. Elle voulait un homme comme Fatou !

– C'est comment, son nom ?

– Steve, répondit Aïssata. Tu as la manière avec les bébés.

– C'est ta mioche ? demanda Cindy en indiquant Makeda.

– Non, c'est ma sœur.

– Sois moins conne que nous, dit Josépha. Te fais pas engrosser par un crétin immature qui détale après avoir tiré son coup !

– Pourquoi t'es là si t'es pas fille mère ? reprit Cindy, que cela intriguait.

– On a vu la tour Eiffel, répondit Makeda.

– C’était pour son anniversaire, précisa Wafa. On n’avait pas l’autorisation de papa.

À force de mentir sur les raisons de leur fuite, Wafa finissait par y croire vraiment. Mais elle lut dans le regard d’Aïssata que celle-ci n’était pas dupe. Wafa préféra changer de sujet.

– Pourquoi on les appelait tirailleurs sénégalais s’ils ne venaient pas tous du Sénégal ?

– Parce qu’ils embarquaient sur des bateaux à Dakar. Tout simplement !

– Moi, je ne comprends pas pourquoi y sont allés se faire dégommer pour la France ! dit Josépha.

– On nous a appris à parler français. On nous a appris à réfléchir français. On nous a appris que la France était notre patrie et qu’elle s’occupait de ses enfants. On en a rêvé, de la France…

– Ouais ! ricana Josépha. Alors on vient s’installer au paradis et on se fait jeter ! Parce que, ici, on n'est que des putains de sales Nègres émigrés !

– C'est quoi, un Français ? répondit Aïssata en souriant. C'est un émigré de plusieurs générations, ni plus ni moins ! Mais beaucoup de gens ont oublié d'où ils venaient : d'Espagne, du Portugal, de Pologne, d'Italie et de tant d'autres endroits...

– C'est plus facile d'oublier quand on a la peau blanche, remarqua Wafa.

– Mais tu as dit toi-même que tu étais française, rétorqua Aïssata. C'est comme ça que tu as décidé de te présenter. Ce n'est pas par hasard, n'est-ce pas ?

Wafa acquiesça lentement.

– Moi aussi, j'ai rêvé de la France..., murmura-t-elle. Et puis je me suis réveillée et j'ai vu que rien n'avait changé.

11
Raquiya

Au milieu de l'après-midi, les gendarmes frappèrent à la porte. Mako se mit aussitôt à geindre en se tenant la tête, persuadée qu'il était arrivé un malheur à ses filles. Nawal embrassa fiévreusement le talisman du cheikh de Djibouti et implora la protection d'Allah.

Les gendarmes les rassurèrent d'emblée et commencèrent un interrogatoire en règle. Oumar sentit le danger. Il fit mine de ne pas bien comprendre, mélangeant somali et français jusqu'à devenir incompréhensible.

– Mais y a pas quelqu'un qui parle correctement, ici ? demanda un gendarme, en regardant les deux femmes dans leur numéro de pleureuses.

Oumar hésita puis acquiesça brusquement. Il appela Cali. Brièvement, il lui expliqua dans sa langue qu'il servirait d'interprète. Les gendarmes n'étaient pas autrement surpris. Ils avaient l'habitude que les enfants scolarisés traduisent pour leurs parents. La conversation prit un tour de mauvais sketch : Cali s'exprimait très mal en somali et son père comprenait parfaitement le français. Les gendarmes n'y virent que du feu. Cali finit par improviser des réponses fantaisistes, un peu malicieusement, car son père ne pouvait évidemment pas le contredire.

– Wafa, elle drague les garçons. Elle veut toujours sortir et papa ne veut pas. Ils se sont fâchés, c'est pour ça que ma sœur, elle s'est barrée. On attendait qu'elle rentre. Heu... Ce n'est pas la première fois qu'elle nous fait le coup ! Alors, on s'inquiétait pas trop...

– Et elle a l'habitude d'emmener la petite ?

– Hein ? Oh… non. Ça, c'est une vengeance. Pour embêter les parents.

Cali se montrait particulièrement convaincant avec son langage d'ado décontracté.

– Ouais. Bon. T'es bien sûr qu'il n'y a pas d'autres problèmes à la maison ?

Cali eut une expression stupide comme s'il ne saisissait pas du tout le sens de la question.

– D'accord, soupira le gendarme chef. Dis à ton père qu'il doit aller à Paris récupérer les filles. Voilà l'adresse. C'est un foyer. Mais il ferait mieux de ne pas tarder. Parce qu'on vérifiera qu'il va les chercher au plus vite. On repassera dans la semaine.

– Oui, monsieur, répondit Cali, malgré tout impressionné.

Les gendarmes furent contents de s'en aller. Les deux femmes leur cassaient les oreilles à force de pleurnicheries et de lamentations. Mais, dès qu'ils eurent le dos tourné, Nawal cessa immédiatement son cirque et gifla Mako pour qu'elle la ferme.

– Il faut que je téléphone à la gare pour les horaires de train, dit Oumar. Ça va nous coûter cher. Je vais demander de l'argent à Youssouf.

– Peut-être que Wafa a pas dépensé toutes les économies ? suggéra Cali.

– Qu'est-ce que tu fais encore là ? gronda Nawal.

Cali baissa les yeux et repartit dans le couloir à pas lents. Oumar le rappela.

– Merci, mon garçon ! Tu t'es bien débrouillé.

Cali haussa les épaules et entra dans sa chambre. La porte cogna dans le nez d'Abdourahim, qui était collé derrière pour espionner.

– Aïe ! Purée ! À Paris ! Elles sont allées à Paris !

– Elles vont se prendre une bonne raclée, commenta Rifki.

Lui aussi, il aurait aimé voir Paris. Il était jaloux et se réjouissait un peu à l'idée de la punition qui attendait les fugitives.

Cali entendit son père quitter l'appartement pour celui d'en face. Il était soulagé de savoir ses sœurs saines et sauves. Beaucoup plus qu'il ne l'aurait cru. La tension accumulée ces deux derniers jours tomba brutalement et, du même coup, toute son énergie nerveuse s'écroula. Il s'assit sur son lit, les mains coincées entre ses cuisses, tremblant.

– Ça ne va pas ? s'étonna Abdourahim.

Cali ne répondit rien. Mais, dans sa tête, encore et encore, revenait cette petite question : pourquoi ?

*
* *

Oumar et Youssouf empruntèrent la voiture d'un de leurs rares voisins somalis. En se relayant au volant, ils pourraient ainsi faire l'aller-retour avant... de commencer leur journée de travail.

En se rendant dans la salle de bains, Abdourahim vit que la porte du salon était close. Nawal et sa mère étaient sans doute ensemble. Peu de chance d'accéder à la télé aujourd'hui... Heureusement, tout allait bientôt rentrer dans l'ordre. Abdourahim aimait beaucoup les pubs à la télé. Il y avait plein de nanas à poil. En regagnant sa chambre, il s'aperçut que la porte des filles était entrouverte. La curiosité le poussa à jeter un œil. Il surprit Cali qui fouillait dans le bureau de Wafa.

– Ben, qu'est-ce que tu fais ?

– Rien.

Abdourahim referma derrière lui.

– Ça va ! Me prends pas pour un con ! Je vois bien que ça ne tourne pas rond !

– Je cherche une explication. Ce n'est pas là que je vais la trouver... Chais pas quoi faire d'autre.

Abdourahim s'assit sur le lit de Makeda et contempla le chat en peluche sur l'oreiller. D'un geste brusque, il s'en empara et lui tritura les oreilles pensivement.

– Youssouf est parti avec papa, dit-il. Tu devrais en profiter.

Cali le regarda sans comprendre.

– Halimo est toute seule, continua Abdourahim.

– Ouais ! Seule avec ses trois fils ! Et pis, elle doit être encore enfermée.

– Ben, y a une fenêtre, non ?

– Hein ? Comment veux-tu que…

Cali s'interrompit et se tourna vers le petit balcon qui longeait la façade de l'immeuble. La chambre de Wafa était mitoyenne avec celle de Halimo.

– Tu oublies qu'il y a une séparation, remarqua-t-il. Et on est au sixième étage. J'ai pas envie de me tuer, merci.

Abdourahim abandonna le chat et ramassa la corde à sauter de Makeda.

– T'as qu'à passer ça autour de la taille. Je pourrai te retenir si tu glisses.

– T'es fou ? Ça ne tiendra jamais !

– Bon, alors c'est moi qui le fais.

– Pas question ! De toute façon, tu sais même pas quoi demander à Halimo.

– Parce que, toi, tu le sais ?

– Moi, j'ai treize ans, répondit Cali, faute d'un meilleur argument.

Son frère le traita de crétin et se mura dans un silence morose.

– Si j'y vais, reprit finalement Cali, faudra que tu me couvres. Maman pourrait se demander où je suis.

– Je dirai que t'es allé jouer au foot.

Cali laissa tomber un « d'accord » du bout des lèvres. Abdourahim l'assura que ce n'était pas si difficile que ça de franchir les balcons. Après tout, il n'y avait qu'une cinquantaine de centimètres de vide entre les deux bordures.

Cali ouvrit la fenêtre. Il n'était pas sujet au vertige mais son déjeuner lui remonta dans la gorge.

– Regarde pas en bas ! lui conseilla Abdourahim.

Cali enjamba la rambarde. Abdourahim lui tenait le poignet gauche. Cali tendit le bras droit et agrippa la balustrade de Halimo. Il fit un grand pas et ordonna à son frère de le lâcher. Il s'étonna presque d'être arrivé de l'autre côté. Il bouscula un peu les plantes vertes de sa tante pour passer.

– Et je fais quoi, maintenant ? murmura-t-il en redressant un pot qui avait versé.

Il n'eut pas à décider : Halimo avait entendu le bruit sur son balcon et venait d'ouvrir la fenêtre.

– Heu… Bonjour, tante Halimo, dit Cali. Ça… ça va ?

– Tu n'es pas un peu malade, non ? le gourmanda Halimo. Tu veux te casser le cou ou quoi ?

– Je voulais te parler. On peut jamais te parler. Et moi, je voulais te…

– Me parler. J'ai compris.

– En fait, ce que je voulais, c'est… t'écouter.

– Entre, répondit Halimo en lui tournant le dos.

Cali avait rarement vu les cheveux de sa

tante. Ça lui fit tout drôle. Des fragrances fleuries flottaient autour de Halimo. Mako et Nawal ne se parfumaient jamais. Cali pensa que c'était bien agréable, cette odeur sucrée. Halimo marcha jusqu'à la porte et donna un tour de clef. Youssouf l'avait donc délivrée avant de s'absenter. Elle invita son neveu à s'asseoir face à elle, sur un tabouret en bois au ras du sol.

– Pourquoi ? demanda Cali, sourdement.

Halimo n'avait pas besoin qu'il en dise davantage. Elle n'avait généralement que ses yeux pour s'exprimer. Alors, elle avait appris à lire dans ceux des autres.

– Pour Makeda, répondit-elle. Pour la protéger.

– Mais… de quoi ?

– De qui, corrigea Halimo. De nous. Les femmes.

Cali secoua la tête. Il ne comprenait pas.

– Sans doute, tu ne te souviens pas… Tu avais une sœur aînée.

– Si, je sais ! Raquiya. Mais qu'est-ce qu'elle vient faire là-dedans ?

Halimo baissa les paupières. Puis elle se redressa et eut un regard tel que Cali se pétrifia.

– Nous l'avons tuée.

Cali resta muet de stupeur. Raquiya était morte à cause de la famine. C'était ce qu'on lui avait toujours raconté.

– Ce que je vais te révéler, tu ne dois pas le répéter, car la cérémonie est secrète. Elle est même interdite aux hommes.

Cali croisa les doigts sur ses genoux pour contrôler le tremblement de ses jambes. Halimo commença son récit par une explication.

– Sais-tu ce que c'est, une excision ?

Cali n'était pas sûr bien qu'il lui semblât avoir déjà entendu ce mot.

– C'est quand on mutile les organes génitaux des femmes, dit sèchement Halimo. Pour les empêcher d'avoir du plaisir. C'est une spécialité africaine.

Cali se souvenait à présent des prêches de l'imam sénégalais que Nawal détestait.

– Mais… c'est pas interdit ?

– Si répondit Halimo. C'est interdit par l'islam. Et par la loi, évidemment. Mais ça fait partie de nos coutumes. Et en Somalie c'est même pire. Parce qu'on pratique aussi l'infibulation.

Halimo essuya son visage du plat de la main. En un instant, elle repartit loin, très loin, là où le soleil était sans pitié et le désert mortel.

Raquiya avait six ans. Peut-être moins, peut-être plus. Les dates de naissance relevaient de la supposition. Les rares chèvres qui avaient survécu à la sécheresse s'agitaient dans leur enclos. Impatientes, les chamelles attendaient la traite du matin. Oumar, Youssouf et les deux fils de Nawal buvaient les dernières gouttes de leur thé brûlant. Puis, le poignard au côté et le bâton sur les épaules, ils se mirent en route à la recherche d'un hypothétique pâturage pour les bêtes. Ils ne voulaient pas être là et, d'ailleurs, les femmes ne voulaient pas de leur présence près de la case familiale. Nawal avait décidé que le jour de la cérémonie était venu pour Raquiya.

Les belles-filles de Nawal, Souad et Farah, apparurent dans la poussière. Elles avaient marché presque une heure avant de trouver des épines de mimosa. Dès leur retour, Halimo remplit des gobelets avec de l'eau, aussitôt tiède au sortir de la cruche. Mako installa un tabouret et des nattes au centre de la case, aligna des cordes et compta des chiffons. Nawal amena Raquiya sans ménagement mais sans brutalité. Elle la déshabilla entièrement. Raquiya ne protestait pas, plus étonnée qu'effrayée. On l'assit sur le tabouret, le torse renversé en arrière. Souad mit la tête de la fillette entre ses genoux pour l'empêcher de bouger.

Nawal n'avait à sa disposition qu'un morceau de verre pour tout instrument coupant.

Du geste décidé de celle qui sait, la grand-mère incisa la chair avec le tesson. Le sang jaillit de la plaie béante, coulant abondamment sur les nattes. Farah saisit les mains de Raquiya qui hurlait, les cuisses déjà maculées de rouge.

Nawal invita les femmes présentes à s'assurer que tout était bien enlevé. Mako, en tant que mère, avait plus qu'une autre le droit de donner son avis.

Raquiya, sans cesse, criait en appelant Allah. Mais pas une fois elle n'appela sa mère. Elle savait, probablement, que Mako resterait insensible à ses supplications.

Nawal rapprocha les deux parties sanglantes pour refermer la plaie à l'aide des épines de mimosa. Seul un minuscule orifice fut laissé pour permettre l'évacuation de l'urine. Plus il était petit, plus la valeur des filles était grande. La virginité était sacrée et l'infibulation en était la garantie.

On releva Raquiya après avoir jeté un

gobelet d'eau entre ses cuisses. Elle se tenait le ventre en sanglotant de toutes ses forces. Elle trébucha même, aveuglée par la douleur. Elle se jeta dans les jupes de Halimo pour y enfouir son visage ravagé par les larmes.

Mais son calvaire ne s'arrêtait pas là. Pour que l'infibulation fût réussie, la chair devait cicatriser. Les épines ne seraient retirées qu'une fois les deux plaies collées, au bout de quinze jours. On ligota étroitement les jambes de Raquiya avec les cordes.

Halimo se souvenait que sa nièce n'avait plus jamais souri. La blessure s'infecta, comme cela survenait souvent chez les filles excisées. Nawal avait fait chercher l'alaka mais la guérisseuse arriva trop tard. Raquiya mourut peu de temps après la cérémonie, à la suite d'une atroce agonie.

Cali était si horrifié qu'il ne pouvait même pas pleurer. Il répétait inlassablement « pourquoi ? pourquoi ? », d'une voix étranglée.

– Parce que les femmes sont vendues à la

famille de leurs futurs maris, répondit Halimo. Pour recevoir une bonne dot, il faut prouver qu'elles sont vierges. C'est comme ça. Une fille non mariée est une charge. Il faut s'en débarrasser.

Halimo eut une espèce de rictus sinistre en ajoutant :

– Je n'ai coûté que cinq chamelles. C'était la sécheresse, les animaux crevaient par dizaines.

Cali se raidit brusquement sur son siège.

– Wafa ? demanda-t-il.

– Elle a survécu, dit Halimo. Elle a eu plus de chance que Raquiya. Et qu'une de mes trois petites sœurs. Notre vie, c'est toujours souffrir..., souffrir pour fermer, souffrir pour ouvrir, souffrir pour faire l'amour... Tous les jours, je remercie Allah de ne m'avoir donné que des fils !

– Mais... Vous...

Cali se leva d'un bond, en comprenant enfin quel était le « parce que » de ses pourquoi.

– Vous voulez faire la même chose à Makeda !

– Pas moi, se défendit Halimo. Et pourtant, je le ferai si c'est la seule façon de m'assurer qu'au moins… on désinfecte.

– Mais ça n'a pas de sens ! s'écria Cali. Y a pas de chameaux, ici ! Y a pas de famine !

– C'est la tradition, la loi des ancêtres. On ne peut pas fâcher les esprits.

– J'y crois pas, moi, aux esprits ! répliqua Cali, férocement. Je suis musulman, chuis pas un… sauvage !

– Je sais que c'est difficile à comprendre pour toi, répondit Halimo. Tu vis dans un monde différent. Tu connais l'école et la télévision… Ta mère et Nawal font ce qu'elles pensent être bien. Elles sont sûrement plus heureuses que ta pauvre tante Halimo. Elles ne se posent pas de questions.

– Wafa est partie pour sauver Makeda…, murmura Cali.

Halimo acquiesça, le regard triste. Cali

la saisit par la manche et la secoua désespérément.

– Elle a fait ça pour rien ! Papa va les ramener ! Papa..., peut-être que papa va les empêcher ! Hein ? Il va les empêcher ! Hein ?

– Les hommes ne s'occupent pas des affaires des femmes, dit Halimo.

– Mais c'est papa..., gémit Cali. Il ne veut pas qu'on fasse de mal à Makeda.

– Il n'a pas le droit de discuter. C'est Nawal qui commande. C'est elle qui a le pouvoir. Les hommes sont trop lâches pour oser défier les ancêtres. Tu voulais savoir. Maintenant, tu sais. Il vaut mieux que tu rentres chez toi. Si Nawal apprend que tu es venu, c'est encore moi qui vais payer.

Halimo se leva et alla jusqu'à une grosse commode. Elle ouvrit un tiroir, fourragea un instant dans le linge et sortit un petit sachet blanc.

– C'est une poudre que j'ai achetée à la vieille guérisseuse éthiopienne. C'est pour endormir. Je la donnerai à Makeda avant la cérémonie. Nawal ne sera sûrement pas d'accord. Je dirai que c'est pour pas qu'elle crie trop fort, à cause des voisins... C'est tout ce que je peux te promettre.

Halimo s'était résignée à l'inévitable. Elle avait fait ce qu'elle avait pu. Pour le reste, elle s'en remettait à la miséricorde d'Allah. Cali n'arrivait pas à s'en aller. Il ne pouvait pas accepter l'idée que Raquiya eût été tuée à cause d'un troupeau de chamelles. Et jamais, jamais, il ne pourrait accepter que l'on touche à Makeda au nom de coutumes barbares interdites par l'islam. Il maudit son âge. Il était trop jeune, trop faible pour sauver sa sœur. Il haïssait ce sentiment d'impuissance.

Il en voulait à sa tante de ne pas se battre davantage. Mais il lui était reconnaissant d'avoir parlé. En même temps, il aurait préféré continuer d'ignorer la vérité. Savoir faisait-il de lui un coupable ?

Il lui parut absurde de dire au revoir à

Halimo comme si de rien n'était. Alors, il se contenta d'un regard et sortit sur le balcon. Il retint une exclamation.

Dos contre le mur, Abdourahim pleurait, le poing dans la bouche. Il s'était mordu si fort pour ne pas hurler que le sang coulait entre ses doigts.

12
Les deux mondes

Wafa se frottait activement avec le savon. Quel bonheur de prendre une douche ! Elle profitait de ses instants de solitude pour préparer un discours. Sans doute Makeda s'endormirait-elle pendant le trajet. Ce serait l'occasion de parler à son père. Wafa passait en revue tous les arguments capables de le persuader. Oumar était un bon musulman, un père aimant et un brave homme. Il devait s'opposer à l'excision de Makeda. Wafa tournait et retournait les phrases dans sa tête, choisissant les mots avec soin. Elle ne devait surtout pas porter de jugement sur les traditions et les coutumes de son pays. Elle devait insister sur la loi française et les interdits de l'islam. Et jouer au maximum sur l'émotion. Pleurer, supplier si nécessaire.

Le gant de toilette glissa sur sa cuisse. Wafa baissa la tête. Elle ne pensait jamais à sa propre infibulation. Elle avait enfoui le souvenir de la cérémonie au fin fond de sa mémoire. La souffrance physique, étonnamment, s'oublie très vite. Elle ne se rappelait réellement que les jours qui avaient suivi. Ses jambes ligotées l'empêchaient de marcher, mais elle pouvait se tenir debout, appuyée sur un bâton. L'urine lui dégoulinait sur les pieds quand elle faisait pipi.

Ce qui l'avait le plus marquée, c'était autre chose. Peu de temps avant leur départ pour la France, sa tante Souad avait découvert qu'elle était enceinte. Elle avait déjà deux enfants en bas âge et n'était pas ravie. À la faveur de cet événement, Wafa avait appris ce qu'elle ignorait encore. Quand une femme somalie tombe enceinte, on l'infibule à nouveau et elle le reste jusqu'au moment de l'accouchement. Nawal avait insisté pour que Wafa assiste à l'opération. Cela faisait partie de son éducation. Pendant des mois, Wafa avait été poursuivie dans ses rêves par le visage torturé de Souad criant sa douleur. Mais son cauchemar tenait à un fil… Un fil et une aiguille le long desquels ruisselait le sang avant d'être absorbé par la natte.

Aïssata frappa à la porte de la salle de bains et lui annonça qu'Oumar était là. Wafa ferma les robinets et répondit qu'elle arrivait. Du coin de la serviette, elle essuya le miroir embué et se regarda dans les yeux, comme si elle voulait s'hypnotiser elle-même. Puis elle se sécha et se rhabilla. Il lui fallait affronter son père, maintenant.

Tout s'effondra quand elle vit Youssouf. Elle n'avait pas été prévenue de la présence de son oncle. Makeda était dans les bras d'Oumar et lui racontait joyeusement sa visite de la tour Eiffel. Wafa se tourna vers Aïssata, son dernier recours. Elle avait encore la possibilité d'avouer la vérité et de demander l'asile. Mais elle ne le fit pas. Wafa savait que parler aurait une conséquence immédiate : on enlèverait les enfants Beila à leurs parents. L'idée que ses frères seraient victimes de sa dénonciation lui était insupportable.

Wafa pensa à Halimo. Toujours souffrir... Devait-elle aussi se résigner, se sacrifier et se taire éternellement ? Était-ce cela, le destin des femmes ?

*
* *

Abdourahim s'était enfin calmé. Cali avait désinfecté la main de son frère et regardait, fasciné, l'empreinte des dents dans la chair. Ils s'étaient à nouveau réfugiés dans la chambre de leurs sœurs.

– Je vais la tuer, dit Abdourahim. Nawal. Je vais la tuer si elle touche à Makeda.

– Sois pas bête.

– Parce que c'est moi qui suis bête ?

– Et tu vas tuer maman aussi ?

– C'est Nawal, le problème. Papa ? Il pourrait peut-être...

– On n'est pas supposés savoir. Si on dit quelque chose, c'est Halimo qui va prendre.

– Alors, c'est comme ça ? On fait comme si on n'était pas au courant ?

– Je ne sais pas ! répondit Cali désespérément.

– On n'a qu'à aller à la police.

– T'es fou ! Nos parents pourraient se retrouver en prison !

– On n'a plus qu'à fermer sa gueule, c'est ça ? Moi, je ne peux pas l'accepter !

– On va attendre le retour de Wafa, proposa Cali. Elle aura peut-être une idée...

– À part s'enfuir, elle n'a pas beaucoup d'idées. Et pis, tu crois qu'on pourra lui parler ? Qu'est-ce qui vont lui faire, à elle ?

– Mais rien, voyons !

– C'est vrai qu'à elle c'est déjà fait ! dit Abdourahim, rudement.

Il n'avait pas de mots pour exprimer ce

qu'il ressentait. C'était plus que du chagrin. Il avait la nausée, la haine et la rage. Ses parents, qu'il aimait, l'écœuraient. Il avait envie de les confronter l'un à l'autre et de leur jeter à la face tout ce qu'il pensait. En fait, il voulait les punir pour la mort de Raquiya. Les punir pour les souffrances de Wafa. Les punir d'être ses parents. Car le pire, pour Abdourahim, c'était ce sentiment de honte d'appartenir à une famille de débiles profonds. Des arriérés, voilà ce qu'ils étaient.

– Sales Nègres… lui vint à la bouche, avec un goût amer.

– Quoi ? fit Cali, interloqué.

Abdourahim ne lui répondit pas. Lui qui était si fier d'être africain, lui qui ne voulait pas être français, contrairement à Wafa. Il avait perdu son identité en une seconde. Il n'était plus rien, il n'avait plus rien.

– Je ne sais plus qui je suis…, constata-t-il, désemparé.

Sa remarque frappa Cali. « Et toi, sais-tu

qui tu es ? », lui avait demandé le marabout Kibwe. Cali lui répéta ce qu'il lui avait été dit.

– C'est à toi de décider qui tu veux être. Personne ne peut le faire pour toi. Même si c'est pas facile.

– C'est quoi, ces conneries ? bougonna Abdourahim.

– On est trop petits pour comprendre…, murmura Cali.

Il essayait, pourtant, de se mettre à la place de ses parents. Il tenta d'imaginer cette vie qu'il avait oubliée. Le désert, la famine, les coutumes et la peur des ancêtres. Mais que connaissait-il, lui ? La télévision et les hamburgers frites, les filles en sous-vêtements sur les affiches et le zizi sexuel de Titeuf. À quel monde appartenait-il ? À celui de ses aïeuls ou à celui de la Star Ac' ? Pourquoi fallait-il que ces deux mondes s'affrontent ?

Mais que faisait donc son âme, à rester ainsi muette ?

*
* *

Nawal était satisfaite. Ça ne lui arrivait pas souvent. Pour la première fois depuis bien longtemps, elle se sentait en paix. Allah, dans sa grande bonté, avait répondu à ses prières. Ses petites-filles seraient bientôt à la maison.

À genoux sur la moquette, elle suppliait les anciens de lui pardonner sa négligence. Elle implorait surtout l'assistance de ses grands-parents et des sages de la tribu. Et particulièrement son arrière-grand-tante, l'alaka Hamad, toujours vénérée cinquante ans après sa mort par le peuple somali. Mais l'esprit de Hamad était-il assez puissant pour protéger l'âme de Wafa ? Nawal ne se faisait pas trop d'illusions. Wafa était sous la coupe du génie Zar. Seule une alaka vivante pouvait le chasser de son corps.

Si Nawal était de bonne humeur, il y avait une raison : elle avait persuadé son gendre de renvoyer Wafa au pays, dans la famille de Kamil et de Farah. Kamil était le fils préféré de Nawal. Il vivait encore dans le désert, où il élevait des chèvres et des moutons. Il était respectueux des traditions et il saurait trouver la meilleure alaka pour soigner sa nièce. Kamil avait quatre garçons et l'un d'eux ferait un bon mari pour Wafa.

Nawal fit la promesse de veiller à l'éducation de Makeda en attendant le jour où elle serait en âge d'être mariée. Pour l'instant, Nawal se réjouissait de la cérémonie à venir. Makeda allait être préparée à sa future vie d'épouse somalie.

*
* *

Makeda dormait profondément, pelotonnée dans le châle de sa sœur. La tête de Youssouf dodelinait. Wafa luttait contre le sommeil tout en surveillant son oncle somnolent. C'était sa dernière chance de discuter avec son père. Elle se pencha et agrippa le bord du siège avant.

- Papa souffla-t-elle.

Oumar jeta un regard dans le rétroviseur.

– Qu'est-ce que tu veux ? grommela-t-il.

– Tu es très fâché contre moi ?

– Il y a de quoi, non ? Ta pauvre mère...

– J'ai encore presque tout l'argent. Je n'ai dépensé que trente-cinq euros pour le train. Papa..., s'il te plaît... Il ne faut pas que...

– Je ne veux rien entendre ! la coupa aussitôt Oumar.

– Mais, papa, la loi fran...

– Tais-toi ! Je ne sais pas ce qui est arrivé à ma gentille fille. Je ne te reconnais plus. Je ne suis pas toujours d'accord avec Nawal mais, à ton sujet, elle ne se trompe pas. Tu es possédée par Zar. Je ne veux pas l'écouter parler par ta bouche.

C'était sans appel, Wafa le comprit bien. Elle s'adossa à nouveau à la banquette. Sa conversation avec Aïssata lui revint en mémoire. Oui, elle avait rêvé de la France. Elle avait pensé que son père, si fier de son passeport français, avait fait le même rêve. Quelle naïveté ! Oumar n'avait pas abandonné les traditions et les croyances dans le désert. Il avait pris l'avion avec.

Et pourtant, Wafa ne lui en voulait toujours pas. Elle savait qu'il avait peur de contrarier les ancêtres. Et cette crainte, pour insensée qu'elle pût paraître à certains, était plus forte que toutes les lois et toutes les religions. Oumar était persuadé d'agir pour le bien de ses enfants.

Wafa ignorait encore quels projets avaient été prévus pour elle. Si elle l'avait su, à cet instant, le désespoir l'aurait sans doute poussée à ouvrir la portière et à se jeter sur l'asphalte de l'autoroute. Plutôt mourir que souffrir, n'en déplaise à La Fontaine.

*
* *

Il existait, cependant, un lieu où les mondes se rencontraient.

Son nom était Sémiramis.

La fille aînée de papa Legba Kibwe relisait ses notes, sur la table de la salle à manger. À cette heure tardive, ses parents et ses onze sœurs dormaient. Sémiramis œuvrait à son futur doctorat. Sémiramis était une « tête ». Elle suivait en parallèle des études de botanique et de pharmacie. L'ethnologie, c'était presque un passe-temps, néanmoins indispensable pour ce qu'elle projetait de devenir : une ethnobotaniste.

Si elle accompagnait son père lors de ses visites, ce n'était pas pour lui faire plaisir. L'érudition de papa Legba était prodigieuse. Il connaissait toutes les richesses thérapeutiques des plantes de l'Afrique occidentale. Sémiramis apprenait, répertoriait, classait chaque espèce végétale dont lui parlait son père. Elle listait chaque nom usuel, retrouvait ensuite le nom savant, cherchait enfin si la plante était déjà utilisée dans la pharmacopée moderne. La tâche était colossale. Parfois, Sémiramis avait l'impression d'être une petite fourmi s'obstinant à rouler devant elle une prise mille fois trop grosse pour elle. Quand elle se décourageait, papa Legba lui remontait le moral. Pendant des siècles, ses prédécesseurs avaient expérimenté les plantes de la forêt tropicale. Il avait hérité de leur immense culture médicinale et elle serait perdue sans le travail acharné de Sémiramis.

L'industrie pharmaceutique s'intéressait aux guérisseurs, sorciers et autres chamans de tous les pays. Les ethnobotanistes recueillaient auprès de ceux-ci des connaissances qui risquaient de disparaître. On ne pouvait guère les soupçonner d'être crédules ou influençables. La science moderne allait sauver de l'oubli le savoir de ceux dont elle s'était longtemps moquée. C'était plutôt ironique…

Sémiramis se redressa et s'étira. Il était temps d'aller se coucher. Demain, comme tous les lundis matin, elle prendrait le train pour Paris. Elle y resterait toute la semaine pour suivre ses cours à l'université.

Sémiramis n'avait allumé que la lampe au-dessus de la table. Le reste de la pièce était faiblement éclairé. Le regard de la jeune fille tomba sur le fétiche à clous en forme de chien. L'objet était dans sa famille depuis dix générations, selon papa Legba. Il portait en lui l'énergie des quatre cents *orisha*, les divinités secondaires yoruba.

Sémiramis écarquilla les yeux. Il y avait quelque chose de vivant dans l'ombre démesurée du fétiche.

Papa Legba lui avait souvent dit qu'elle avait le don de clairvoyance. Mais Sémiramis ne le croyait pas car elle ne l'avait jamais expérimenté. Et voilà que, soudain, elle éprouvait le besoin de parler aux orisha.

– Que me voulez-vous ?

L'ombre vacilla, sembla grandir encore. Sémiramis n'avait pas peur mais était intriguée. Elle insista.

– Je n'entends rien. Que voulez-vous ?

Puis lui vint une certitude : demain, elle ne partirait pas pour Paris.

13

CELUI QUI ÉCOUTE SON ÂME

Abdourahim avait longtemps lutté contre le sommeil. Mais il avait fini par s'endormir. Lorsque son père et ses sœurs arrivèrent, la nuit était déjà fort avancée. Oumar portait Makeda dans ses bras. Il la conduisit dans sa propre chambre et l'étendit auprès de Mako. Sa femme ouvrit les yeux, se serra contre sa petite fille et se rendormit presque aussitôt, en pleurant silencieusement.

Wafa tenait à peine debout. Elle alla se coucher à tâtons. Elle buta contre un seau posé à côté de son lit. Elle se demanda ce que cela faisait là. Elle ne comprit qu'en entendant la clef tourner dans la serrure. Elle était enfermée. Elle ne fut guère étonnée et pensa qu'on la délivrerait après l'infibulation de Makeda. Elle s'allongea, trop épuisée pour réagir, trop déprimée pour avoir du chagrin.

Oumar se leva avant l'aube pour aller travailler. Il ne voulait pas savoir ce qui se passerait dans la journée. C'était l'affaire des femmes.

Le réveil sonna à six heures trente dans la chambre des garçons. Cali sursauta, mit son oreiller sur sa tête en grognant puis se souvint que Wafa devait être rentrée. Il sauta hors de son lit et se précipita dans le couloir. Il vit tout de suite la clef à l'extérieur. Au moment où il s'apprêtait à ouvrir la porte, Nawal sortit du salon.

– Qu'est-ce que tu fais ? cria-t-elle.

– Ben... je vais voir Wafa...

– Interdit ! Elle est punie !

Nawal se dirigea vers lui, le doigt menaçant. Cali aperçut Abdourahim sur le seuil de leur chambre. Il avait les paupières plissées comme s'il se concentrait pour jeter un mauvais sort à sa grand-mère. Dès que celle-ci fit volte-face, il se tint le ventre à deux mains en gémissant.

– Oooooh… J'ai mal au bide…

– Moi aussi, enchaîna Cali. On a dû manger quelque chose de pas bon.

– Laissez passer ! hurla Rifki en se précipitant vers les toilettes.

– T'es malade, toi aussi ? demanda Cali.

Rifki, qui avait une pressante envie de pisser, saisit la balle au bond. Il n'avait aucune idée de ce qui se tramait mais, si ça lui permettait d'échapper à l'école, il était prêt à tout.

– Oh oui, oui ! Oh là là ! Je vais… heu… Laissez passer !

Cali et Abdourahim échangèrent un bref regard. Leur petit frère avait l'esprit vif. Ça les arrangeait bien. Pour faire bonne mesure, Abdourahim frappa à la porte de la salle de bains où venait d'entrer Rifki et l'implora d'activer le mouvement.

– C'est encore cette gastro, dit Cali.

– Au mois de mai ? répondit Nawal. Je ne crois pas. Habillez-vous. Vous conduirez Rifki à l'école.

– Et Makeda ? demanda Cali.

– Elle est très fatiguée. Elle doit se reposer.

– Mais c'est embêtant si Wafa ne va pas au collège, remarqua Abdourahim, insidieusement. C'est bientôt le brevet.

Nawal haussa les épaules et eut une espèce de reniflement méprisant. Elle ne se donna pas la peine d'expliquer que cela n'avait aucune importance. Wafa allait être réexpédiée en Somalie aux frais de sa future belle-famille. À défaut d'une dot en chamelles, elle aurait une dot en trajet aérien. Et cela ferait une bouche de moins à nourrir. C'était une transaction tout à fait honnête.

– Dépêchez-vous, ordonna Nawal. Je ne vous le répéterai pas dix fois.

Rifki sortit de la salle de bains alors que Nawal regagnait le salon pour préparer leur petit déjeuner.

– C'est raté ? supposa-t-il. Dommage...

– Oui, c'est raté..., murmura Cali.

Penché au-dessus du lavabo, Abdourahim essayait de se faire vomir, deux doigts dans la gorge. Il était décidé à tout tenter pour rester à la maison.

– T'es dingue ! s'exclama Cali.

– Ça marche pas, déplora Abdourahim. Comment elles font, les top-modèles ?

Cali vérifia que ni Rifki ni Nawal n'étaient à portée de voix.

– Même si tu arrivais à dégueuler, grand-mère te foutrait dehors.

– On avait dit qu'on partirait pas.

Cali eut un geste d'impuissance. Oui, ils l'avaient dit. Mais ils avaient échoué.

– Si on insiste, Nawal va se douter de quelque chose. On ne peut pas trahir tante Halimo, ça ne serait pas juste.

- Et pour Makeda, c'est juste ? s'insurgea Abdourahim.

Nawal hurla du salon qu'ils avaient intérêt à se presser. Cali ferma les yeux. Il ne savait plus quoi faire. Abdourahim le regardait fixement. Il lui en voulait de n'être qu'un lâche. Il le bouscula violemment en passant et laissa tomber :

– Maintenant, tu comprends pourquoi je ne crois pas en Dieu.

*
* *

Lorsque Makeda se réveilla, le lit de ses parents était couvert de cadeaux. Mako rit de la voir sauter de joie. Bien sûr, ses cadeaux d'anniversaire étaient surtout du genre « utile », jupe, gilet et chaussures.

– J'adore mes chaussettes avec les petits chats ! Oh ! Tu me l'as acheté, tu me l'as acheté ! Mon tama... tomigachi, le bidule avec la bestiole qui fait caca ! Je vais le montrer à Wafa !

Mako reprit son sérieux et la rattrapa sur le seuil.

– Non. Wafa est punie.

– Pourquoi ?

– Parce qu'elle t'a emmenée à Paris sans demander l'autorisation à ton père. Ce n'était pas bien du tout.

– Mais c'était pour ma tour Eiffel !

– Ce n'est rien..., dit Mako en la serrant dans ses bras. Wafa doit seulement rester dans sa chambre pendant quelques jours. Tu la verras plus tard.

– D'accord. J'ai faim. Tu sais, j'ai vu de drôles de gens à Paris. Ils parlent tous bizarre.

Makeda ne s'étonna pas de la gentillesse inhabituelle de sa grand-mère. Elle dévora avec un bel appétit toutes les tartines que Nawal beurrait.

Mako était heureuse d'avoir récupéré Makeda. Cependant, elle ne se réjouissait pas autant que sa mère à l'idée de la cérémonie. Même si elle le gardait pour elle, Raquiya était toujours présente dans sa mémoire. Dans sa tribu, il était tabou de parler des filles décédées des suites de l'infibulation. C'était la volonté d'Allah. Mako ne s'interrogeait jamais sur le fait que l'excision était interdite par sa religion. On ne discutait pas des traditions, on s'y pliait.

Mako tâta le petit sachet blanc à travers l'étoffe de son vêtement. Halimo le lui avait donné quand elle avait compris qu'elle n'aurait pas le droit de venir. Nawal était intransigeante à ce sujet. Elle ne voulait pas que Zar eût l'opportunité de contrarier la cérémonie. Ni Halimo ni Wafa n'étaient invitées.

Bien que terrorisée par sa mère, Mako avait tenu bon pour une fois. Elle avait insisté jusqu'à ce que Nawal accepte de donner la poudre à Makeda. À l'heure de déjeuner, Mako mélangerait le somnifère avec du jus d'orange.

Pour l'instant, Makeda jouait à mettre et à enlever ses chaussettes.

*
* *

– Je veux mourir, dit Wafa.

Elle regarda le macadam, six étages plus bas.

– Makeda va avoir besoin de toi, répondit Halimo.

Elles se parlaient de balcon à balcon, toutes les deux prisonnières dans leurs chambres.

– Je n'en peux plus…, soupira Wafa. Qu'est-ce que tu aurais fait si tu avais eu des filles ?

– C'est une question que je refuse de me poser.

– Tu aurais fait comme maman. Moi, je ne le ferai jamais.

Halimo choisit de se taire. Or elle savait que Wafa serait renvoyée en Somalie pour y être mariée de force. Mais, si elle le lui apprenait maintenant, Wafa risquait de se jeter dans le vide. Halimo n'était pas fataliste. Contre toute raison, elle continuait d'espérer en des jours meilleurs. Pas pour elle, elle avait depuis longtemps accepté son sort. Mais pour ses fils, pour Wafa, elle croyait en la bienveillance d'Allah. L'urgence était de remonter le moral de sa nièce. Elle devait être prête à lutter de nouveau. Si elle abandonnait, elle se laisserait emmener en Somalie. Mais il restait cette chance, cette toute petite chance qui s'appelait la loi française.

– Makeda sera endormie, reprit Halimo. Mako me l'a promis. Elle ne souffrira pas beaucoup.

– Tu oublies qu'on va lui attacher les jambes pendant deux semaines. Je n'arrive pas à l'admettre. Ce n'est pas possible !

Wafa se demanda ce qui se passerait si elle se mettait à appeler à l'aide du haut de son balcon. À parier qu'aucun passant ne réagirait.

– Si je sautais, la police viendrait, dit-elle. Et tu pourrais tout leur expliquer.

– Le suicide, c'est un péché terrible ! s'affola Halimo.

– L'excision aussi. Mais, apparemment, ça ne gêne personne.

Halimo pensa que les mariages forcés ne gênaient pas davantage, bien que tout autant interdits par l'islam.

– On mettrait mes parents en prison si on les dénonçait ?

– Je l'ignore, répondit Halimo.

Et si ce n'était pas le cas, de toute façon, la famille serait brisée. La pire crainte de Wafa était d'être séparée de ses frères et de sa sœur. Ils se retrouveraient à l'assistance publique, dans des foyers ou placés chez des gens. Elle était sûre que ses frères ne pourraient pas comprendre et qu'ils ne lui pardonneraient jamais. Peut-être même qu'ils refuseraient de la revoir. Pour Wafa, ils n'étaient encore que des petits garçons.

Cali et Abdourahim aimaient leurs sœurs et Wafa ne le savait pas.

*
* *

À la cantine, Abdourahim prit l'assiette de saucisson. Il alla s'asseoir en face de son frère et mordit dans une rondelle. Il fit la grimace car il ne trouva pas ça bon.

– Tu te crois malin ? demanda Cali.

– Va chier, répondit Abdourahim. Moi, je suis libre.

Cali contempla le saucisson et ressentit un trouble, presque un malaise. Les mystères de l'univers étaient décidément impénétrables. Les yeux de Cali s'embuèrent. Un voile opaque masqua les choses autour de lui, comme pour empêcher l'extérieur d'interférer. De même, ses oreilles bourdonnèrent, le rendant sourd. Ce fut le moment choisi par son âme pour lui parler. Pas de mots ni de phrases, pas de pensées ni d'images. Une brûlure sur l'épaule.

On secouait Cali, frénétiquement. Il entendit qu'on l'appelait par son nom. Brutalement, sa vision s'éclaira. Le visage inquiet d'Abdourahim était penché sur lui.

– Hé ! Ça ne va pas ? J'ai vu le blanc de tes yeux, ça m'a foutu les jetons !

Cali porta la main à son épaule. La douleur était toujours présente, comme une déchirure. « Coupé en deux », avait dit le marabout Kibwe. Cali distinguait les deux moitiés : d'un côté, Makeda, de l'autre, ses parents. Défendre l'un des côtés c'était condamner l'autre.

Cali fouilla la poche de son blouson en jean. Abdourahim aperçut le carton plié dans la paume de son frère.

– Qu'est-ce que c'est ?

– Il faut que je sorte.

– Oui, t'as besoin de prendre l'air.

– Non. Il faut que je parte du collège.

– On n'a pas le droit. Comment veux-tu… Hum… Attends. On peut faire le mur en grimpant sur la benne à ordures derrière la cantoche. Mais qu'est-ce que tu vas faire ?

– Chercher de l'aide, répondit Cali.

– Je t'accompagne.

– Non, tu serais puni aussi. Et pis, il faut que tu récupères Rifki à l'école.

– On s'en fout de celui-là !

– Abdou, obéis-moi, s'il te plaît.

– J'ai une bien meilleure idée. Tu vas chais pas où, et moi je vais à la maison. Pour… les empêcher de.. en attendant que tu arrives.

Cali regarda son frère. « Onze ans, pensa-t-il, et il espère changer le monde ! » Mais il y avait tant de détermination, tant de rage dans ce petit bonhomme ! Et s'il était déjà trop tard ? Non. Kibwe avait lu son avenir. Cali consulta sa montre : midi et quart. Il en était certain, il était encore temps.

– Viens, dit-il simplement.

*
* *

Abdourahim courut après un bus qu'il ne rattrapa pas. Il décida de continuer à pied plutôt que de poireauter vingt minutes.

Cali avait pris une autre route. Il était

encore étonné d'avoir pu s'échapper du collège aussi facilement. Personne ne les avait interceptés, pourtant la porte des cuisines était grande ouverte. C'était un signe du ciel. La certitude qu'Allah lui accordait sa protection apaisa la brûlure.

Cali était un peu perdu dans ces quartiers pavillonnaires. Il déplia le carton vert, rouge et jaune. Ce n'était qu'une adresse, pas un plan. Cali s'informa auprès du chauffeur de son bus. Celui-ci connaissait le marabout Kibwe car il avait guéri l'eczéma de sa femme et les verrues de son fils. Le chauffeur profita que son véhicule était presque vide pour faire un petit détour et mettre Cali sur le bon chemin. Cali n'eut plus aucun doute. Allah veillait!

Ce fut sans hésiter que Cali sonna à la porte d'une maisonnette aux fenêtres fleuries. À l'heure du déjeuner, les douze filles et l'épouse de papa Legba étaient là. Erzulie, sa dernière petite sœur dans les bras, ouvrit à Cali.

– Le marabout n'est pas là, dit-elle d'emblée.

Cali resta muet de désarroi.

– Je me souviens de toi ! s'exclama Erzulie. Eh ! Sémiramis, viens voir ! C'est le garçon qui a une grande âme !

Sémiramis se leva de la table où elle finissait de manger. Elle se tourna vers le fétiche à clous en forme de chien et sourit.

*
* *

Caché derrière le tronc d'un gros platane, Kibwe regardait ses quatre filles aînées parler avec Cali. Il les vit quitter la maison. Sémiramis tenait Cali par la main. Papa Legba hocha la tête mais ne bougea pas. Le moment n'était pas encore venu pour lui d'intervenir.

Il savait.

14
OMNIA VINCIT AMOR

Silencieusement, Abdourahim entra dans l'appartement. Il vit aussitôt que la porte du salon était fermée. Il se mit à l'écoute. Soudain, la voix claire de Makeda résonna :

– Mais j'en veux pas, du jus d'orange !

– Bois-le ! ordonna Nawal.

– Mais j'ai pas soif…

– On ne va pas le jeter, alors obéis !

Makeda continua de protester faiblement avant de déclarer qu'elle en prendrait un tout petit peu… Maintenant qu'il se retrouvait seul, Abdourahim faisait moins le fier. Il se rassura en pensant que Makeda semblait aller parfaitement bien. Et s'ils s'étaient trompés sur toute la ligne ? Il aurait l'air malin en surgissant dans le salon !

Il se tourna vers le couloir. Bien sûr ! Il devait délivrer Wafa ! Elle saurait quoi faire. Il longea le mur, l'oreille aux aguets. La clef était toujours dans la serrure.

Wafa était assise par terre, appuyée contre son lit, le regard dans le vague. Elle était vidée, incapable de réagir. En entendant la porte s'ouvrir, elle crut qu'on lui apportait son repas et ne bougea pas.

– Wafa ! appela doucement Abdourahim.

Elle regarda son frère comme s'il s'agissait d'un fantôme.

– Ça va ? demanda-t-il. Oups ! Question idiote. Viens vite.

– Où ça ?

– Il faut les arrêter !

– De quoi tu parles ?

– De… de l'affafi… bulation.

– L'infibulation ! Mais… comment est-ce que tu es au courant ?

– Halimo a tout raconté.

Wafa se leva d'un bond puis se balança en se tenant la tête. Abdourahim craignit un instant qu'elle ne se mette à geindre comme leur mère.

– Elles veulent le faire, n'est-ce pas ? s'assura Abdourahim. À Makeda.

Wafa ne parvenait pas à mettre de l'ordre dans ses idées. Comment Halimo avait-elle pu parler d'une telle chose à son petit frère ? Et pourquoi était-il là ?

– Qu'est-ce que tu veux ? demanda-t-elle.

– Mais je veux les empêcher ! dit Abdourahim, déboussolé par sa réponse. Pas toi ?

– On peut pas, on peut pas… se désespéra Wafa.

Abdourahim eut un geste totalement inattendu de sa part. Il s'avança vers sa sœur et lui prit la main.

– Si, on peut, affirma-t-il fermement. On est plus forts qu'elles.

– Même si on réussissait aujourd'hui, il y a encore demain et après-demain et...

– Oui, merci, j'ai pigé ! Et moi je te dis que ça n'arrivera jamais !

– Comment peux-tu en être sûr ?

Abdourahim serra sa main dans la sienne. Du plus profond de son cœur avait surgi sa véritable identité.

– Parce que je sais qui je suis, maintenant.

Wafa fronça les sourcils, contempla le visage de ce petit garçon et comprit soudain quel homme il allait devenir.

– Tu es mon frère, répondit-elle.

Et ce n'était pas une simple évidence. C'était la reconnaissance de l'amour fraternel, le lien indestructible entre elle et lui. Abdourahim s'était trouvé lui-même : il avait choisi d'être un frère plutôt qu'un fils. Il sourit. Les mots n'étaient plus nécessaires.

Main dans la main, ils marchèrent jusqu'au

salon. Abdourahim appuya sur la clenche de la porte et retint une exclamation : elle était fermée de l'intérieur ! Wafa l'écarta et se mit à tambouriner au battant.

– Laissez-moi entrer ! Maman ! Maman ! Je veux vous assister !

De l'autre côté, Nawal, en proie à la colère, se fit entendre.

– Va-t'en ! Tu ne me tromperas pas ! C'est Zar qui t'a délivrée et parle par ta bouche !

– Elle est folle…, marmonna Abdourahim.

– Makeda ! Makeda ! appela Wafa. Maman ! Je t'en prie ! Non !

– Va-t'en, Zar ! cria Nawal.

Wafa ressentit une vive douleur à l'entrejambes, comme si elle revivait sa propre excision. Abdourahim, stupéfié, la regarda se plier en deux et gémir : « Plus jamais, plus jamais… » La rage le saisit et il se jeta de toutes ses forces sur la porte en hurlant :

– Plus jamais ! Je vous tuerai si vous touchez à Makeda !

Il frappa le bois de ses poings, si furieusement qu'il s'écorcha les phalanges. Du salon parvenaient les incantations magiques destinées à éloigner Zar. Nawal était persuadée que c'était le mauvais génie qui venait de s'exprimer. Elle n'avait pas identifié la voix d'Abdourahim.

Au milieu de tout ce chahut, quelqu'un dit quelque chose. Wafa sursauta de frayeur et se retourna.

– Quoi ? fit Abdourahim.

– Quoi ? répéta Wafa.

Il n'y avait personne. Le frère et la sœur échangèrent un regard d'incompréhension.

– C'est Zar ? murmura Wafa, proche de la panique.

Abdourahim faillit répondre qu'il ne croyait pas aux mauvais génies. Mais il avait bien entendu quelqu'un parler, tout autant que Wafa.

– Qu'est-ce qu'il a dit ? demanda-t-il.

– « Vous n'êtes pas seuls. » Je suis presque

sûre que c'était : « Vous n'êtes pas seuls. » Mais d'où ?... Qui ?...

À cet instant, la porte d'entrée s'ouvrit en grand et, en une seconde, l'étroit couloir fut envahi par des policiers en uniforme. Abdourahim soupira de soulagement en apercevant Cali et les quatre (très) jolies filles aînées du marabout Kibwe.

Wafa se recula, s'aplatit contre le mur et se laissa glisser jusqu'au sol. Ce qu'elle avait tellement redouté était en train d'arriver. Elle se mit à pleurer. À travers ses larmes, elle vit les agents pénétrer de force dans le salon. Elle vit Cali se précipiter à l'intérieur et ressortir, Makeda paisiblement endormie dans ses bras. Elle vit, sur la table, le couteau, la bouteille d'antiseptique, les chiffons et les cordes. Elle vit les policiers menottant Mako et Nawal, en dépit de leurs hurlements et de leurs sanglots. Elle vit sa mère devant Cali qui criait :

– Pourquoi ? Pourquoi ? Qu'est-ce que tu as fait ?

Et elle vit l'ombre de son frère, gigantesque sur le mur, et entendit sa voix qui répondait :

– J'ai dit non.

Et puis, soudain, sur le seuil apparut la haute silhouette d'un homme avec un curieux couvre-chef en plumes de coq. Un des policiers, un Malien, le reconnut et le salua respectueusement.

– Je vais prendre les enfants chez moi, dit papa Legba. Quand il y en a pour quatorze, il y en a pour dix-neuf !

Le Malien approuva. En attendant la décision du juge, ils seraient mieux chez le marabout Kibwe que nulle part ailleurs.

Abdourahim se glissa près de Wafa et posa sa tête contre son épaule. Cali les rejoignit. Sur leurs trois paires de genoux, il étendit Makeda. La petite fille entrouvrit les paupières et sourit.

– Hum... J'ai sommeil... Y en a du bruit... Hum... Wafa ? Tu sais, j'ai le tamo, le timigachi ! Tu m'apprendras à jouer ?

– C'est moi qui vais t'apprendre ! dit Abdourahim. Wafa, elle est nulle !

– On a juste le temps d'aller chercher Rifki à l'école, remarqua Cali.

Brusquement, comme ça, Wafa eut une pensée monstrueusement égoïste.

Elle allait pouvoir passer le brevet.